Thomas Kröck

Offene Türen in unsere Welt

Wenn Christen diakonisch aktiv werden

BORN-VERLAG

Der Autor

Dr. Thomas Kröck (Jahrgang 1957) ist verheiratet mit Ulrike und hat drei erwachsene Söhne. Nach dem Studium der Agrarwissenschaft arbeitete er am Internationalen Reis-Forschungsinstitut auf den Philippinen. Mit seiner Familie lebte er zehn Jahre in Tansania, wo er kirchliche Mitarbeiter ausbildete und Projekte von christlichen Gemeinden unterstützte. Seit 1999 ist er für die Sozial-Missionarische Arbeit des Deutschen EC-Verbandes verantwortlich und studiert nebenberuflich an der Akademie für Weltmission (Korntal). Ehrenamtlich engagiert er sich in einer Landeskirchlichen Gemeinschaft in der Nähe von Kassel.

Impressum

Umschlaggestaltung: Andreas Frick, ArtFactory, Marburg, www.art-factory.info
Satz: **BORN**-VERLAG, Claudia Siebert, Kassel
Lektorat: **BORN**-VERLAG, Birgit Götz, Marburg
Foto Umschlag: Shutterstock
Fotos Seite 1, 11, 41, 115: Shutterstock
Druck und Gesamtherstellung:
AALEXX Buchproduktion GmbH
Gedruckt auf FSC-zertifiziertes Papier.

ISBN 978-3-87092-504-8
Bestellnr. 182.504

Inhaltsverzeichnis

Teil 3: Praktische Beispiele

Anhang

Vorwort von Dr. Michael Diener

Vorbei mit den Ausreden. Kein „*Ist das unser biblischer Auftrag als Gemeinde heute?*“, kein „*Wie sollen wir das auch noch schaffen?*“, kein „*Wir würden ja gerne, aber wissen nicht was oder wie ...*“, kein „*Ich will schon, aber die anderen nicht!*“ zieht mehr! Wer Thomas Kröcks Buch gelesen hat und **will**, **kann** dann auch. Was?

Eine wachsende diakonische Sensibilität ist in unseren Gemeinden und Gemeinschaften nicht zu verkennen. Aber - sensibel waren wir schon öfter, ohne dass den Empfindungen und Worten wirklich Taten folgten: vielleicht auch deshalb, weil uns oftmals theoretisch plausibel gemacht wurde, **warum** Gemeinde diakonisch leben und glauben soll, aber nicht, **wie** das mit langem Atem gelingen kann, oder weil uns gute Projekte zwar vorgestellt wurden, wir aber den notwendigen Weg dahin nicht erklärt bekamen.

In diesem Buch ist alles anders. Es ist offensichtlich, dass der Autor aus der Praxis kommt. Was uns hier vorgestellt wird, ist erprobt und für gut befunden.

Mir gefällt, dass Thomas Kröck theologisch fundiert und geschichtlich aufmerksam das diakonische Anliegen für die christliche Kirche heute entfaltet. Aber ich finde es wegweisend, dass er da erst richtig beginnt, wo viele andere Bücher schon aufhören. Er erklärt, wie Gemeinden zur diakonischen Arbeit motiviert werden, wie die konkrete Situation analysiert wird und zielführende Schritte gegangen werden können. Fast möchte ich diesen 74-seitigen, gewichtigen Mittelteil eine „Betriebsanleitung zum diakonischen Handeln“ nennen.

Und wem das alles zu theoretisch ist, wer sich erst einmal „Appetit“ holen möchte, der darf auch gerne hinten beginnen und sich über 30 Seiten von den unterschiedlichsten diakonischen Projekten in Gemeinschaften und Gemeinden inspirieren lassen. Ja, es gibt sie - die diakonischen Gemeinden, und ja, es macht Sinn, Gottes Liebe gesellschaftsrelevant und ganzheitlich zu leben und weiterzugeben, anstatt sich fromm um sich selbst zu drehen.
Keine Ausreden mehr - und das ist gut so!

Dr. Michael Diener,
Präses des Evangelischen Gnadauer Gemeinschaftsverbandes, Kassel

Einleitung

von Dr. Thomas Kröck

Diakonie als Aufgabe der Gemeinde ist in den letzten Jahren bei vielen christlichen Leitern immer stärker in den Blick gerückt. In der Beziehung zwischen Gemeinde und Diakonie scheinen wir heute geradezu eine historische Wende zu erleben.

Von alters her wird Diakonie, neben Anbetung, Gemeinschaft und Zeugnis, als eine Ausdrucksform von christlicher Gemeinde verstanden. Für die Christen im 1. und 2. Jahrhundert war die tätige Nächstenliebe ein selbstverständlicher Teil ihres Gemeindelebens. Später entstanden spezialisierte diakonische Einrichtungen wie Hospize und Klöster und die enge Verzahnung zwischen christlicher Gemeinde und Diakonie lockerte sich. Seit der Reformation hat es immer wieder Versuche gegeben, Diakonie in der Gemeinde zu verankern. Ein Grund für das Scheitern dieser Versuche war sicherlich, dass die staatskirchlichen Gemeinden aufgrund ihrer geistlichen und materiellen Situation nicht in der Lage waren, diese Verantwortung wahrzunehmen. Mit der Entwicklung des Sozialstaats seit dem Ende des 19. Jahrhunderts hat der Staat in Zusammenarbeit mit der institutionellen Diakonie die Aufgabe der Sorge für Notleidende übernommen.

Heute zu Beginn des 21. Jahrhunderts stehen wir in einer veränderten Situation. Die Ära der Staats- bzw. Volkskirche geht zu Ende. Kirche ist nicht mehr ein selbstverständlicher Teil unserer Gesellschaft, sondern muss ihre Relevanz und Bedeutung neu begründen. Gemeinden, die sich nur nach innen orientieren, gewinnen keine neuen Mitglieder und werden in absehbarer Zeit schließen müssen. Andererseits sind heute viele Gemeindeglieder gut ausgebildet und bereit, sich zu engagieren. Es gibt verschiedene Schulungsangebote und Gemeindeentwicklungsprogramme mit entsprechenden Materialien. Gemeinden sind damit heute eher in der Lage, auf die Bedürfnisse der Gesellschaft einzugehen, als dies in der Zeit der Reformation oder des Frühpietismus der Fall war.

Auch in unserer Gesellschaft hat sich in den letzten Jahren manches verändert. Nach den Jahren des Wirtschaftswunders und der Überflussgesellschaft steht das Thema „Armut in Deutschland“ wieder in den Schlagzeilen. Seit 2001 gibt die Bundesregierung einen Armutsbericht heraus. Während einerseits Überalterung der Gesellschaft, zerbrochene Familien, Abbau von Arbeitsplätzen und mangelhafte Integration von Migranten ständige Themen sind, werden gleichzeitig die Sozialleistungen des Staates zurückgefahren.

In dieser Situation sind christliche Gemeinden gefordert, ihren Auftrag in der Gesellschaft neu zu bedenken und die Bedürfnisse der Menschen in ihrer Umgebung bewusst wahrzunehmen. Sie haben damit die Chance, an die Erfahrungen der Gemeinden zur Zeit des Neuen Testaments anzuknüpfen und wie Jesus den Menschen ganzheitlich zu dienen. Das vorliegende Buch möchte dazu anregen, diese historische Chance zu nutzen, und will Hilfe zur praktischen Umsetzung geben.

Im **ersten Teil** wird dazu mit der biblischen Begründung des Auftrags der Gemeinde eine Grundlage gelegt. Gemeinde ist als Gottes Volk, Leib Christi und Tempel des Heiligen Geistes in die Welt gesandt. Die folgenden Kapitel geben einen Überblick über die Beziehung zwischen Diakonie und Gemeinde im Laufe der Kirchengeschichte und die Rolle von Diakonie in Gemeindeentwicklungsprogrammen.

Im **zweiten Teil** werden Fragen zum diakonischen Engagement von Gemeinden beantwortet und aufgezeigt, wie Diakonie in der Gemeinde thematisiert und die Bedürfnisse der Menschen in ihrem Umfeld wahrgenommen werden können. Interessierten Mitarbeitern werden damit konkrete Schritte und Methoden vorgestellt, die in unterschiedlichen Zusammenhängen eingesetzt werden können. Grundlage dafür sind entsprechende Programme, die in Großbritannien entwickelt, aber auch in Deutschland getestet wurden.

Im **dritten Teil** werden schließlich Projekte von Gemeinden vorgestellt, die sich der Bedürfnisse ihrer Nachbarn angenommen haben. Die vorgestellten Gemeinden kommen sowohl aus den evangelischen Landeskirchen, dem Gnadauer Verband als auch aus dem Bereich der Freikirchen. Auch die Projekte spiegeln eine große Bandbreite möglichen Engagements wider und sollen dazu ermutigen, selbst aktiv zu werden.

Teil 1 Grundlagen der Diakonie

1. Die Gemeinde und ihr Auftrag
2. Gemeinde und Diakonie in der Geschichte
3. Gemeindeentwicklung und Diakonie

1. Die Gemeinde und ihr Auftrag

Neben Anbetung, Gemeinschaft und Zeugnis wird Diakonie seit der Zeit der Kirchenväter als eine elementare Ausdrucksform von christlicher Gemeinde verstanden. Sie ist begründet in Gottes Mission in der Welt und wurde im Laufe der Geschichte auf ganz unterschiedliche Weise von der Kirche wahrgenommen. Unser Verständnis von Gemeinde und von ihrem Auftrag wird daher unsere Stellung zur Diakonie entscheidend bestimmen. Deshalb soll zunächst auf die biblische Grundlage von Diakonie eingegangen und ein Überblick über die Formen diakonischen Handelns in der Kirchengeschichte gegeben werden.

Das Gleichnis vom barmherzigen Samariter ist sicherlich einer der bekanntesten Abschnitte in der Bibel, die von diakonischer Verantwortung sprechen. Es zeigt das Vorbild eines Menschen, den die Not des Verwundeten nicht kaltließ, sondern der zupackte und half. Diakonie ist aber nicht nur die Verantwortung von Einzelnen, sondern Sache der gesamten Kirche. Daher muss die diakonische Verantwortung vom Auftrag der Gemeinde her verstanden werden.

1.1 Der große Rahmen: Von der Schöpfung zur Erlösung

Die ersten und letzten Seiten der Bibel bilden den Rahmen der Heilsgeschichte, innerhalb dem Gott seiner Gemeinde einen Auftrag gegeben hat und sie gebraucht. Gott ist der Schöpfer, der diese Welt wunderbar geschaffen hat, und der Erlöser, der am Ende der Zeit eine neue Erde und einen neuen Himmel schaffen wird[1].

Der Mensch als Gottes Ebenbild

In der Schöpfungsgeschichte wird deutlich gemacht, wer der Mensch ist und wie Gottes Plan für sein Leben aussieht. Sie zeigt den Menschen einerseits als Teil der Schöpfung, aus den gleichen Elementen geschaffen wie die Tiere (1. Mose 2,7.19), mit ähnlichen Trieben und Krankheiten, gewissermaßen als ein höheres Tier, und andererseits als Gottes Ebenbild (1. Mose 1,27). Diese Ebenbildlichkeit zeigt sich in der Verantwortung für die Schöpfung und in der Beziehung zu anderen Menschen (1. Mose 1,28; 2,15.18). Als Gegenüber Gottes hat der Mensch eine besondere Würde, die nicht in seiner Leistung, in seiner sittlichen Vollkommenheit oder in seinem Besitz begründet ist. Helmut Thielicke schreibt deshalb:

> *„Wenn wir uns einmal überlegen, woher Jesus die Kraft nahm Dirnen, Zuhälter und Henkersknechte lieben zu können, dann gibt es darauf nur eine Antwort: Das konnte er nur deshalb, weil sein Blick durch die Schmutzschicht und die Kruste der Entartung hindurchdrang, weil sein Auge das göttliche Original traf, das in jedem Menschen - in jedem Menschen - verborgen ist.“*[2]

Die Schöpfungsgeschichte zeigt, dass alle Menschen den gleichen Ursprung haben. Die Menschen aller Rassen, Nationen und Kulturen stammen von den ersten Menschen, Adam und Eva, ab (Apg 17,26). Aus biblischer Weltsicht kann sich daher niemand rechtfertigen, sich aufgrund der Rasse, Nationalität oder seiner sozialen Stellung über andere Menschen zu erheben (Spr 22,2; 29,13).

In einem System von Beziehungen

Als sein Gegenüber hat Gott dem Menschen einen Auftrag gegeben und ihn in ein System von Beziehungen gestellt: zu Gott, zu den Mitmenschen und zu seiner Umwelt. Gottes Auftrag überträgt dem Menschen die Verantwortung als Haushalter für Gottes Schöpfung, er soll arbeiten, darf Ressourcen nutzen und Fruchtbarkeit und Wachstum erwarten (1. Mose1,28 f.;2,15). Einige Theologen grenzen diesen Auftrag als Kulturmandat, das an alle Menschen ergangenen ist und natürliche und soziale Aspekte betrifft, deutlich ab vom Missionsauftrag, der an die Gemeinde ergangen ist und die Befreiung von Sünde und Schuld betrifft. Für andere sind die Beziehungen zu Gott, zu anderen Menschen und zur Schöpfung dagegen eng miteinander verbunden. Sie sehen die Wiederherstellung aller vom Sündenfall betroffenen Beziehungen als Gesamtaufgabe, in der die Beziehung zu Gott allerdings besondere Bedeutung hat, oder sprechen davon, dass das Kulturmandat in den breiteren, ganzheitlichen Auftrag der Gemeinde einmündet.

Sündenfall und Erlösung

Die Katastrophe des Sündenfalls in 1. Mose 3 betrifft nicht nur die Beziehung des Menschen zu *Gott* (V.8), sondern auch zu *sich selbst* (V.7), zu *anderen Menschen* (V.16) und zur *Schöpfung* (V.17-19). Gleichzeitig gibt es Hoffnung auf Erlösung: Der Nachkomme der Frau soll den Kopf der Schlange zertreten (V.15). Diese Verheißung wird später aufgenommen und erneuert durch den Bund mit Abraham, durch den alle Geschlechter auf Erden gesegnet werden

sollen (1. Mose 12,3), mit der Berufung des Volkes Israel (2. Mose 19,5 f.) und mit der Verheißung an David, dessen Sohn ewig als König herrschen soll (2. Chr 22,10).
Durch Jesus Christus werden diese Verheißungen erfüllt. Er ist ganz Gott und ganz Mensch. Er predigte die gute Nachricht von der anbrechenden Herrschaft Gottes, stellte zeichenhaft die zerstörten Beziehungen wieder her und vollbrachte durch seinen Tod am Kreuz die Erlösung für alle Menschen. Mit seiner Auferstehung hat er den Tod, die Konsequenz der Sünde, überwunden und seine Herrschaft aufgerichtet. Er wird wiederkommen, um die Erlösung sichtbar zu vollenden[3]. Die von Christus geschaffene Erlösung betrifft vor allem die Menschen, aber darüber hinaus die ganze Schöpfung. In der Bibel finden sich sowohl Hinweise darauf, dass Gott die uns bekannte Welt heilen und erneuen wird, als auch auf eine Zerstörung der gegenwärtigen und die Erschaffung einer neuen Welt[4].

Gottes Reich - angebrochen, aber noch nicht vollendet

Durch Jesu Tod und Auferstehung ist Gottes Herrschaft bereits angebrochen, aber bei seiner Wiederkunft wird sie sichtbar vollendet werden. In dieser Zeitspanne hat die Gemeinde ihren Auftrag zu erfüllen. In der Gemeinde können Menschen bereits jetzt unter der Herrschaft Christi und nach seinen Werten leben, bis er wiederkommt, um sein Reich sichtbar zu vollenden[5].

Der kroatische Theologe Peter Kuzmič fasst diese Situation folgendermaßen zusammen:

> *„Das Königreich Gottes ist das erlösende Handeln Gottes in der Geschichte durch die Person Jesu Christi. Es kommt nicht als menschliche Errungenschaft. Menschen sind aber eingeladen zu Buße und Glauben, durch die sie in das Königreich eintreten, und sie sind eingeladen, sowohl zur verantwortlichen Mitwirkung in dem schon gekommenen Reich als auch zur wachen Erwartung des Reiches, das noch kommen soll."*[6]

Im Folgenden soll näher auf das Wesen und den Auftrag der Gemeinde eingegangen werden. Im Bilde der Dreieinigkeit gesprochen kann man die Gemeinde als Volk Gottes, Leib Christi und Tempel des Geistes bezeichnen. Wie wir sehen werden, machen diese Bezeichnungen auch den ganzheitlichen Auftrag der Gemeinde deutlich.

1.2 Das Volk unter Gottes Herrschaft

Das *Volk Gottes* ist ein Begriff, der auf Gottes Handeln im Alten Testament Bezug nimmt und es beschreibt. Durch die Befreiung aus der Sklaverei in Ägypten schuf sich Gott aus den Nachkommen Abrahams sein Volk Israel. Er offenbarte sich an diesem Volk auf besondere Weise (5. Mose 7,6-8) und gab ihnen am Berg Sinai seine Gebote. Israel hatte zwar keinen Missionsauftrag wie die Gemeinde im Neuen Testament, sollte aber ein Volk von Priestern sein (2. Mose 19,6) und damit Gottes Gegenwart unter den Völkern repräsentieren. Dies geschah vor allem durch Gottes Gesetz, das das gesamte Leben des Volkes Israel bestimmte. So sollte damit den Völkern Gottes Maßstäbe deutlich gemacht und sie zum Lob Gottes angeregt werden (5. Mose 4,5-8). Damit war Israel selbst die Botschaft, durch die die Völker Gott erkennen sollten.

Gottes Gebote für Israel

Das alttestamentliche Gesetz umfasste Gebote über kultische Reinheit und Opfervorschriften, die das Verhältnis der Israeliten zu Gott betrafen. Es enthielt aber auch Gebote über den Umgang miteinander und insbesondere zum Schutz der Verarmten und derer, die ohne die Sicherheit des Familienverbandes auskommen mussten: Witwen, Waisen und Fremdlinge[7]. Hilfe für die Armen bzw. ihre Unterdrückung und Ausbeutung wird im Alten Testament als Anbetung bzw. Verachtung Gottes gedeutet[8]. Auf diese Beziehung zwischen der Anbetung Gottes und der Hilfe für Arme und Schutzlose wiesen auch die Propheten immer wieder hin[9]. Sie machten deutlich, dass einerseits der Gottesdienst ohne entsprechendes soziales Verhalten bedeutungslos ist[10] und dass andererseits der Abfall von Gott oft mit Ungerechtigkeit und Unterdrückung einhergeht[11].

Gottes Volk im Neuen Testament

Das Neue Testament knüpft auf verschiedene Weise an den Auftrag des Volkes Gottes im Alten Testament und an die dort hergestellte Beziehung zwischen Gottesdienst und sozialem Verhalten an. Verschiedene neutestamentliche Autoren bezeichnen die Gemeinde als Gottes Volk[12]. In 1. Petrus 2,9 bezieht sich der Apostel ausdrücklich auf 2. Mose 19,6 und macht deutlich, dass die Gemeinde im Neuen Testament auch Gottes Volk ist und damit am Auftrag Israels teilhat. Damit wird allerdings nicht gesagt, dass Israel von der Gemeinde abgelöst wird und seine Berufung verliert (Röm 11,26-29).

Gottes Liebe sichtbar werden lassen

Wie im Leben des Volkes Israel soll auch am Miteinander in der Gemeinde Gottes Liebe erkennbar werden (1. Petr 2,11-17). Deshalb sagt Jesus in Johannes 13,35, dass die Jünger an der Liebe untereinander erkannt werden sollen. Wie das alttestamentliche Gesetz verbindet Jesus die Liebe zu Gott mit der Nächstenliebe (Mt 22,35-40). Auch bei anderen Gelegenheiten setzt sich Jesus mit seinem Reden und Handeln für Arme und Schutzlose ein. In Matthäus 25,35-45 spricht er davon, dass die Hilfe für Bedürftige letztlich ihm selbst gilt. Die enge Verbindung zwischen der Beziehung zu Gott und zum Nächsten wird auch in den neutestamentlichen Briefen aufgegriffen[13].

Gemeinde als Zeichen des Reiches Gottes

Die christliche Gemeinde ist Gottes Volk, das unter seiner Herrschaft steht und damit ein, wenn auch unvollkommenes Zeichen des Reiches Gottes ist. Die Kirche soll das Heil, das sie verkündigt, auch selbst verkörpern. So wie es Gottes Plan für Israel war, sollen auch in der Gemeinde Gottes Liebe und die Werte seines Reiches erkennbar sein und Menschen zum Lob Gottes und zur Nachfolge Jesu angeregt werden. Das diakonische Handeln der Gemeinde muss daher als ein notwendiger Ausdruck des Glaubens und als Ergänzung der wörtlichen Verkündigung verstanden werden.

1.3 Der Leib Christi in der Welt

In 1. Korinther 12,12-27 und Epheser 4,1-16 spricht der Apostel Paulus von der Gemeinde als dem Leib Christi, an dem die einzelnen Christen Glieder sind. Die Gemeinde ist damit der sichtbare und greifbare Ausdruck der Gegenwart Christi in der Welt. Mit dem Bild des Leibes weist Paulus auf die Menschwerdung Jesu hin (Joh 1,11-15). So wie Jesus in einem bestimmten sozialen und kulturellen Umfeld Mensch wurde, ist jede Ortsgemeinde in eine konkrete, lokale Situation gestellt. Die Gemeinde ist so wie Jesus in die Welt gesandt (Joh 20,21) und muss daher ihre Verkündigung und ihr Handeln an Jesu Reden und Tun orientieren.

Sowohl bei seiner „Antrittsrede“ in Nazareth (Lk 4,16-21) als auch in der Antwort auf die Anfrage Johannes des Täufers (Lk 7,22) spricht Jesus von seinem Auftrag als der Hilfe für Bedürftige und der Verkündigung des Evangeliums. Jesus setzte sich immer wieder mit Wort und Tat für Arme, Kranke und Ausgestoßene ein[14].

In gleicher Weise spricht der Apostel Paulus davon, dass sein Dienst in Wort und Tat geschah (Röm 15,18 f.).

In die Welt gesandt, um zu dienen

Der englische Theologe John Stott sieht zwei Parallelen zwischen Jesu Auftrag und dem Auftrag an seine Gemeinde: Jesus wurde *in die Welt* gesandt, und zwar um zu *dienen*. Jesus wurde ganz Mensch und erlebte unsere Schwachheit, unsere Leiden und Versuchungen und entsprechend

> *„sendet er uns ‚in die Welt', damit wir uns mit anderen gleichstellen, so wie er sich mit uns gleichstellte, damit wir verwundbar werden wie er. [...] Aber uns liegt es näher, den Menschen aus einer gewissen Entfernung das Evangelium zuzurufen, als uns tiefer mit ihnen einzulassen, um uns in ihre Probleme hineinzudenken und ihre Nöte mit ihnen zu empfinden."*[15]

Jesus hat in Markus 10,45 die scheinbar unvereinbaren alttestamentlichen Vorstellungen vom Messias als dem herrschenden Menschensohn (Dan 7,13 f.) und dem leidenden Gottesknecht (Jes 50,4-6; 52,13 ff.) verbunden, um sich im selbstlosen Dienst für andere hinzugeben. Damit stellt er uns ein vollkommenes Modell des Dienstes vor und sendet seine Gemeinde in die Welt, damit sie anderen dient und sich für sie hingibt.

Einheit in Vielfalt

Genauso wie für den nach außen gerichteten Dienst der Gemeinde hat das Bild vom Leib Christi auch Bedeutung für die Beziehungen innerhalb der Gemeinde. Obwohl die Körperteile unterschiedlich sind, können sie durch ihre Unterordnung unter das Haupt harmonisch zusammenwirken. Entsprechend sollen auch in der Gemeinde Menschen aus unterschiedlichen ethnischen und sozialen Gruppen zusammenleben und wirken (1. Kor 12,12-20). Wie die Körperteile am menschlichen Körper sind auch die Glieder der Gemeinde Jesu auf die gegenseitige Ergänzung und Fürsorge angewiesen (1. Kor 12,21-27). Für den bayrischen Pfarrer Paul-Hermann Zellfelder-Held ist daher die im Abendmahl erlebte Gemeinschaft Ursprung und Quelle der Diakonie.[16]

Gaben zum Dienst für andere

Die verschiedenen Begabungen, die Gott den Gliedern zugeteilt hat, dienen nicht der Selbstverwirklichung, sondern dem Dienst der Gemeinde (1. Kor 12, 28-31). In diesem Dienst spielt die Liebe die entscheidende Rolle (1. Kor 13). Liebe und Freiheit in der Gemeinde sind auch Voraussetzungen dafür, dass die verschiedenen Gaben zum Einsatz kommen und das Priestertum aller Gläubigen verwirklicht wird. Obwohl sich die einzelnen Gläubigen entsprechend ihrer Gaben im Dienst spezialisieren, kann die Gemeinde nach dem Vorbild Jesu umfassend in Wort und Tat dienen, wenn alle Gaben zum Zug kommen.

1.4 Der Tempel des Heiligen Geistes

An verschiedenen Stellen spricht Paulus in seinen Briefen von den Gläubigen als Tempel des Heiligen Geistes[17]. Daneben wird im Neuen Testament für die Gemeinde auch der Begriff des Hauses Gottes verwendet[18].

Kontaktstelle zwischen Gott und der Welt

Bei den Begriffen „Tempel des Geistes" bzw. „Haus Gottes" geht es zunächst um eine Besitzzuweisung: Der Heilige Geist bzw. Gott ist der eigentliche Eigentümer der Gemeinde. Menschen werden als Leiter und Mitarbeiter dazu berufen, beim Bau der Gemeinde mitzuhelfen, doch sie gehört allein Gott. So wie im Alten Testament der Tempel bzw. die Stiftshütte der Ort war, an dem Gottes Gegenwart sichtbar wurde, ist auch die Gemeinde die Kontaktstelle zwischen Gott und der Welt. Die Gemeinde ist damit ein Ort, an dem Menschen Gott begegnen können.

Noch im Bau

Im Zusammenhang mit dem Bild des Tempels oder Hauses wird im Neuen Testament auch vom Prozess des Bauens gesprochen. Die Gemeinde wird aus Menschen erbaut, die dem Verderben entrissen und als lebendige Steine in den Bau eingefügt werden[19]. Sie ist kein vollendetes Gebäude, sondern befindet sich noch in Bau[20]. Die Gemeinde ist sowohl eine Realität als auch ein missionarisches Projekt, das sich noch entwickeln muss.

Der Bau der Gemeinde geschieht auch durch die Beziehungen der Gemeindeglieder untereinander, insbesondere dadurch, dass die Gaben des Heiligen Geistes zum gegenseitigen Nutzen eingesetzt werden. Die Verbindung zu Christus und seine Liebe ermöglicht es den Gemeindegliedern, einander zu unterstützen und zum Wachsen des Baus beizutragen. Dazu ist die fortwährende Hingabe und Erneuerung durch den Heiligen Geist nötig[21].

Beim Wachstum bzw. Bau der Gemeinde geht es daher nicht nur um die zahlenmäßige Zunahme, sondern auch um das Wachsen in der Beziehung zueinander und im Dienst. Neben dem *numerischen* Wachstum durch Hinzufügen von Menschen in das Reich Gottes wächst die Gemeinde *organisch* durch die Entwicklung der Beziehungen zwischen den Gliedern, *konzeptionell* dadurch, dass die Gemeinde ihr Wesen und ihren Auftrag besser versteht, und *praktisch* durch den Dienst der Gemeinde in der Gesellschaft.[22]

Anbetung Gottes als Ziel

Der Zweck des Tempels ist die Anbetung Gottes. Die Gemeinde ist der Bereich, in dem Gott ausdrücklich geehrt und angebetet wird und seine Herrschaft sichtbar werden soll. Dies ist kein Teilbereich der Gemeindearbeit, der durch Gottesdienst und Worship-Band abgedeckt wird, sondern der zentrale Auftrag der Kirche. Wie Burkhard Weber, Direktor der Evangelistenschule Johanneum, sagt, drückt sich Anbetung im *Beten*, im *Glauben*, im *Denken* und im *Handeln* aus. Diakonie und Anbetung gehören deshalb zusammen.[23] Die Bibel verbindet die Liebe zu Gott mit dem Halten seiner Gebote (5. Mose 6,4-9). Die größte Form des Lobpreises besteht im Glaubensgehorsam, der auch zum Leiden um Jesu Willen bereit ist.

Schon im Alten Testament wurde die Anbetung Gottes eng mit der Fürsorge für Arme und Schutzlose verknüpft und das von Jesus formulierte Doppelgebot der Gottes- und Nächstenliebe wurde offensichtlich auch von frommen Juden akzeptiert (Mk 12,29-33; Lk 10,25-28). Gott identifiziert sich mit den Armen. Unsere Beziehung zu Gott soll sich deshalb in unserem Verhalten gerade gegenüber den Bedürftigen zeigen. Gott wird geehrt, wenn wir ihm gehorsam sind und seine Liebe an andere weitergeben[24].

Das von der Hingabe an Gott geprägte Verhalten der Christen wird vor allem in der Gemeinde sichtbar, soll aber darüber hinaus ausstrahlen. In dem Maße, in dem Christen Gott die Ehre geben und unter seiner Herrschaft leben und handeln, ist die Gemeinde Salz und Licht in der Welt (Mt 5,13-16). Durch den Ruf zur Umkehr zu Gott und durch praktische Hilfe macht die Gemeinde Gottes Liebe deutlich und lädt dazu ein ihn anzubeten (Jak 1,22-27; 2,14-17). Das Ziel von Diakonie ist also letztlich die Anbetung Gottes.

1.5 Was kann der diakonische Dienst bewirken?

Nachdem wir den Auftrag der Gemeinde betrachtet haben, stellt sich die Frage, was die Gemeinde in der Gesellschaft bewirken kann. Seit einigen Jahren wird in diesem Zusammenhang der Begriff „Gesellschaftstransformation"[25] gebraucht. Dieser Ausdruck kann so missverstanden werden, dass durch den Dienst der Gemeinde die Gesellschaft verändert und Gottes Reich aufgerichtet wird. Demgegenüber versteht Roland Hardmeier unter Transformation,

> *„dass die Missionstätigkeit darauf zielt, den einzelnen Menschen und die gesamte ihn umgebende Lebenswirklichkeit umzuwandeln und in Übereinstimmung mit dem Willen Gottes zu bringen."*[26]

Demnach geht Transformation von erneuerten Menschen aus, die ihre Umgebung zum Guten verändern. Im Folgenden soll näher darauf eingegangen werden, was die Bibel zu den Auswirkungen des diakonischen Dienstes der Gemeinde sagt.

Hilfe für den Nächsten

Bei dem diakonischen Auftrag der Gemeinde geht es zunächst einmal um die Hilfe für den Nächsten. Schon im Alten Testament finden wir Gebote zum Schutz der Wehrlosen, den Witwen, Waisen und Fremdlingen[27]. In seiner Stellungnahme zu seinem Auftrag (Lk 4,18 f.) und im Gleichnis vom barmherzigen Samariter (Lk 10,25-37) greift Jesus dieses Anliegen auf. Auch in anderen Bibelstellen[28] geht es darum, Bedürftigen zu helfen und das Los Notleidender zu erleichtern.

Sichtbares Zeichen des Glaubens

Weil die Bedürftigen Gott am Herzen liegen und er auf ihrer Seite steht[29], haben barmherzige Taten auch geistliche Bedeutung. Unsere Beziehung zu dem unsichtbaren Gott kann und soll sich in sichtbaren Taten der Liebe anderen Menschen gegenüber ausdrücken[30]. Die Liebe zu anderen Menschen ist daher ein sichtbares Zeichen des Glaubens, an dem Christen erkannt werden sollen[31]. Das Zeugnis der Nächstenliebe beglaubigt die Wortverkündigung von Gottes Liebe, denn die Gemeinde verkündigt nicht nur durch das, was sie sagt, sondern auch durch das, was sie ist und tut bzw. nicht tut. Fehlt das entsprechende Handeln, wird die Gemeinde unglaubwürdig.

Zeichen der Herrschaft Gottes

Das Handeln der Gemeinde ist darüber hinaus ein Hinweis, dass die Herrschaft Gottes in der Welt schon angebrochen ist. Jesus spricht davon, dass in seinem Handeln Gottes Reich sichtbar wird (Lk 11,20; Mt 11,4 f.). Dasselbe soll durch die Gemeinde geschehen, indem, wie Professor Peter Beyerhaus sagte, in jeder Nation messianische Brückenköpfe errichtet werden, denn

> *„durch den mutigen Gehorsam und die gewinnende Liebe der Christen scheinen Zeichen des kommenden Reiches schon jetzt in dieser vergehenden Weltordnung und entzünden die Hoffnung auf das vollkommene Erscheinen der himmlischen Stadt unter den Menschen."*[32]

Voraussetzung dafür, dass Zeichen des Reiches Gottes sichtbar werden, sind nach dem lateinamerikanischen Theologen Orlando Costas

> *„authentische Gemeinschaften des Glaubens, die die befreiende Kraft des Evangeliums in ihren konkreten historischen Situationen leben"*.[33]

Kontrast zur Gesellschaft

Wenn die Gemeinde so von der befreienden Kraft des Evangeliums geprägt wird, lebt sie nach Werten, die oft im Kontrast zu dem stehen, was in der Gesellschaft üblich ist[34]. Nach Professor Johannes Reimer muss dabei aber zwischen der wertneutralen, menschlichen Kultur und dem Handeln des Widersachers Gottes in der Gesellschaft unterschieden werden:

> *„Nicht gegen die Menschen, sondern mit ihnen wird Gemeinde gebaut. Nicht gegen die Kultur, sondern in der Kultur."*[35]

Der alternative Lebensstil kann der Gemeinde Anerkennung bringen und zum Lob Gottes führen, aber auch Ablehnung und Verfolgung auslösen[36]. Angesichts dieses Widerstands fordert Paulus dazu auf, sich nicht vom Bösen überwinden zu lassen, sondern das Böse mit Gutem zu überwinden (Röm 12,21).

Licht, Salz und Sauerteig

Jesus gebraucht u. a. drei Bilder, um von der Wirkung der Gemeinde bzw. des Reiches Gottes zu sprechen: Licht (Mt 5,14-16), Salz (Mt 5,13) und Sauerteig (Mt 13,33).

Das mit Abstand am meisten gebrauchte dieser drei Bilder ist das vom *Licht*. Auch im Alten Testament, im Judentum und in der hellenistischen Umwelt des Neuen Testaments spielte es eine große Rolle. Im wörtlichen Sinn wird Licht bei besonderen Gottesbegegnungen erwähnt[37]. Daneben wird im übertragenen Sinn Jesus als Licht bezeichnet[38]. Dieses Verständnis baut auf den alttestamentlichen Gedanken von Israel als dem Licht der Völker auf. In Matthäus 5,14 ff. spricht Jesus von den Jüngern als dem Licht der Welt. Der Sinn und das Ziel des Bildes werden in Vers 16 erklärt: „... damit sie eure guten Werke sehen und euren Vater im Himmel preisen“ (siehe auch 2. Kor 4,6). Das Lichtsein verwirklicht sich in der Lebensführung und weist auf Gemeinschaft mit Gott hin[39].

Als *Salz* werden die Gemeinde oder Christen nur in Matthäus 5,13 bezeichnet. In der Antike hatte Salz wegen seiner reinigenden, würzenden und erhaltenden Kraft religiöse Bedeutung und war ein Symbol für Dauer und Wert. Die Opfer im Alten Testament wurden mit Salz bestreut und durch Essen von Salz wurden feste Bündnisse gestiftet[40]. Die Rabbiner verglichen die Thora mit Salz. Die Bedeutung des Salzes in Matthäus 5,13 ist umstritten. Viele Ausleger sehen in diesem Vers einen Hinweis, dass die Gemeinde eine erhaltende Wirkung für ihre Umgebung hat und Durst auf das Evangelium macht.

Das Bild vom *Sauerteig* gebraucht Jesus in Matthäus 13,33 und Lukas 13,21 im Zusammenhang mit den Gleichnissen vom Himmelreich. Wie im Gleichnis vom Senfkorn verdeutlicht er damit, dass ein kleiner Impuls eine große Wirkung haben kann: Aus dem Senfkorn wird eine große Pflanze, ein wenig Sauerteig durchsäuert eine große Menge Teig. Der Begriff wird von Jesus und auch Paulus sonst eher negativ verwendet als Bild für Versuchungen[41]. Mit dem Gleichnis macht Jesus deutlich, dass Gottes Reich eine Kraft ist, die, obwohl sie jetzt nur in kleiner Menge vorhanden ist, doch dazu bestimmt und fähig ist, die ganze Erde zu durchdringen. Worin diese Wirkung genau liegt, wird in dem Gleichnis nicht erklärt.

Gemeinsam ist den drei Bildern die von einer kleinen Sache ausgehende Wirkung, die ihre Umgebung zum Guten verändert.

Zeichen des Heils setzen

Die betrachteten Bibelstellen nähren nicht die Hoffnung, dass durch das Handeln der Gemeinde Gottes Maßstäbe in der Gesellschaft allgemeine Gültigkeit bekommen und damit Gottes Reich aufgerichtet wird. Sie fordern aber dazu auf, sich nicht kritiklos den Maßstäben der Gesellschaft anzupassen, sondern diese kritisch zu prüfen[42].Durch das Handeln der Gemeinde soll ihre Verkündigung unterstrichen und beglaubigt werden. In der Gemeinde sollen Gottes Maßstäbe verwirklicht werden, damit Gott geehrt wird und Menschen Orientierung und Hoffnung finden. Gleichzeitig ist die Gemeinde aufgerufen, mit positiven Kräften in der Gesellschaft zusammenzuarbeiten und in ihrem Einflussbereich dazu beizutragen, dass die Beziehungen zu Gott, zu Mitmenschen und zur Schöpfung heil werden. Transformation muss in diesem Sinne nicht als Herstellung der Herrschaft Gottes auf der Erde verstanden werden, sondern als zeichenhaftes Mitwirken bei der Gestaltung der Welt zur Ehre Gottes, zum Wohl der Menschen und als Beglaubigung und Ergänzung der Wortverkündigung des Evangeliums.

1.6 Der diakonische Auftrag der Gemeinde

Die Bibel gibt Anstöße für das Verständnis des diakonischen Auftrags, die in konkretes Handeln umgesetzt werden müssen. Der Blick auf die Schöpfung und die Gesetze des Alten Testaments zeigen deutlich den engen Zusammenhang zwischen der Verherrlichung Gottes und der Fürsorge für seine Geschöpfe. Unsere Beziehung zu Gott und die Beziehung zu den Mitmenschen und zur Schöpfung können daher nicht getrennt betrachtet, sondern müssen als eine Einheit gesehen werden.

Die Würde des Menschen ist nach dem biblischen Weltbild in seiner Schöpfung als Ebenbild Gottes begründet. Die Diskriminierung und Benachteiligung von Menschen aufgrund ihrer Rasse, Nationalität, sozialen Stellung oder Leistungsfähigkeit verstößt daher gegen Gottes Willen.
Als Teil der Schöpfung steht der Mensch in Beziehung zu Gott, zu seinen Mitmenschen und zur Natur. Alle diese Beziehungen sind von der Sünde des Menschen betroffen und entstellt und sollen durch Gottes Handeln wieder heil werden. Diese Beziehungen müssen deshalb auch für den Dienst der Gemeinde im Blick sein.

Das zentrale Ereignis von Gottes Handeln ist der Tod und die Auferstehung von Jesus Christus. Damit wurde Gottes Herrschaft in der Welt aufgerichtet und sein Gegenspieler besiegt, auch wenn dies jetzt noch nicht sichtbar vollendet ist. In der Nachfolge Jesu erfahren Menschen Vergebung ihrer Schuld und Erneuerung. In der Gemeinde soll Gottes Herrschaft jetzt schon erlebbar werden. Verkündigung und Handeln, Wort und Tat, müssen deshalb übereinstimmen, damit die Gemeinde glaubwürdig ist und Menschen ihre Botschaft verstehen können.

Als *Gottes Volk* ist die Gemeinde der Bereich, in dem Gottes Gebote Gültigkeit haben. Das betrifft besonders die Liebe untereinander und die Fürsorge für Schutzlose und Bedürftige. Wenn sich Christen den Werten und dem Verhalten der Gesellschaft kritiklos anpassen, verleugnen sie Gottes Reich.

Als *Leib Christi* soll die Gemeinde deutlich machen, dass Jesus Christus ganz Mensch wurde, um am Leben und an den Nöten der Menschen Anteil zu nehmen. Entsprechend darf die Gemeinde kein Lebensbereich sein, der von der Welt abgeschottet ist, sondern sie soll sich vielmehr der Welt im Dienst hingeben.

Als *Tempel des Heiligen Geistes* ist die Gemeinde der Ort, an dem Gott durch Wort und Tat angebetet wird. Der Tempel ist noch nicht vollendet, sondern befindet sich noch im Bau. Er wächst, indem sich Menschen entscheiden, Jesus nachzufolgen, indem Christen lernen, noch mehr nach Gottes Maßstäben zu handeln, und indem die Gemeinde ihren Dienst für die Gesellschaft weiterentwickelt.

So soll die Gemeinde sich der Welt zuwenden, aber nach Werten handeln, die im Kontrast zur Gesellschaft stehen. Dadurch wird sie Gottes Liebe zu seiner Schöpfung deutlich machen, Gottes Maßstäbe durch konkretes Handeln zeigen und auf Gottes kommendes Reich hinweisen.

2. Gemeinde und Diakonie in der Geschichte

2.1 Diakonische Gemeinden in der frühen Kirche

Nächstenliebe war ein wichtiges Thema der Verkündigung und des Dienstes Jesu. Die ersten Jünger hatten sein Vorbild und seine Lehre offensichtlich verstanden und erkannt, dass Diakonie ein zentraler Aspekt des Auftrags der Gemeinde ist. Nach dem Bericht der Apostelgeschichte war die gegenseitige Fürsorge ein wichtiges Kennzeichen der jungen Gemeinde in Jerusalem. Auch außerhalb der Gemeinde halfen die Apostel Behinderten und Kranken. Nachdem in vielen Städten im Mittelmeerraum Gemeinden entstanden, wurde die Sorge für Arme auch über die eigene Gemeinde hinaus ausgeweitet. Paulus setzte sich in den Gemeinden in Griechenland mit Nachdruck dafür ein, die Armen der Gemeinde in Jerusalem zu unterstützen[43].

Nächstenliebe als neuer Wert

In den Städten der Antike, in denen sich die christlichen Gemeinden entwickelten, gab es große soziale Unterschiede. Da viele Christen aus den sozialen Mittel- und Unterschichten kamen, hatte die gegenseitige Fürsorge in der Gemeinde für sie große Bedeutung. Für die antike Gesellschaft war Nächstenliebe eine neue und ungewohnte Wertvorstellung. Das Zusammenleben von Reichen und Armen in der Gemeinde und das Teilen von materiellen Gütern fiel deshalb auf. Die Christen bildeten damit einen deutlichen Kontrast zur antiken Gesellschaft. Für die Christen war das Teilen ihres Besitzes vor allem Ausdruck ihres Glaubens und erst in zweiter Linie Antwort auf ein soziales Problem. Hilfe für die Armen verstanden sie als Anbetung Gottes (Spr 14,31).

Trotz Verfolgung sorgten im 2. und 3. Jahrhundert die Christen für Menschen, die von der zunehmenden Massenarmut und von Pestepidemien betroffen waren. Die Gemeinde in Rom zum Beispiel versorgte um 250 n. Chr. rund 1500 Hilfsbedürftige. Die Fürsorge auch für Notleidende außerhalb der Gemeinde wurde ein Kennzeichen der Christen und trug wesentlich zu ihrem Missionserfolg bei.

Das diakonische Amt

Noch im 1. Jahrhundert entwickelte sich das Amt des Diakons (Phil 1,1; 1. Tim 3,8). Sowohl Männer als auch Frauen konnten dieses Amt wahrnehmen und besonders Witwen fanden als Diakoninnen in der Gemeinde ihre Identität. Die Kranken- und Armenpflege blieb aber die Aufgabe der ganzen Gemeinde. Die Gaben (vor allem Nahrungsmittel) der Gemeindeglieder wurden im Gottesdienst gesammelt und dann von den Diakonen an Bedürftige verteilt. Durch ihren Dienst waren die Diakone sehr gefährdet und wurden oft zu Märtyrern.

2.2 Klöster als Zentren der Diakonie

Als das Christentum unter Kaiser Konstantin ab 313 n. Chr. zunächst erlaubt und dann zur Staatsreligion erhoben wurde, veränderte sich die Kirche grundlegend. Es kam zu einer engen Verbindung zwischen Kirche und Regierung, die auch das Mittelalter prägte. Die Kirche breitete sich aus, es entstanden sehr große Gemeinden (in Antiochien z. B. mit 100 000 Gemeindegliedern). Gleichzeitig verkümmerte das Gemeindeleben und an die Stelle der gegenseitigen Fürsorge in der Gemeinde trat einerseits massenhaftes Almosengeben, andererseits die Fürsorge durch Hospitäler und Klöster. Die Aufgabe der Diakone konzentrierte sich zunehmend auf den Gottesdienst und Kirchenverwaltung und weniger auf die Hilfe für die Armen. Mit dem Zerfall des Römischen Reiches zerbrach auch die bisherige Sozial- und Wirtschaftsordnung. In dieser Zeit der Nöte und Katastrophen hatte die Diakonie in der Kirche nur noch geringe Bedeutung. Als Ausnahme und Beispiel christlicher Nächstenliebe in dieser Zeit blieb der heilige Martin (als Bischof von Tours, 397 gestorben) bis heute in Erinnerung.

Im Frankenreich bildeten sich wieder stabilere politische und soziale Strukturen. Karl der Große (747-814) fordert in seiner Thronrede seine Untertanen zur Unterstützung der Armen auf. Unter Leitung der Feudalherren sollten die damals entstehenden räumlich abgegrenzten Kirchengemeinden die Diakonie organisieren. Allerdings fand dieses Vorhaben weder bei den Adligen noch bei den kirchlichen Diakonen wesentliche Unterstützung. Diakonie beschränkte sich nur noch auf die gegenseitige Hilfe in der Dorfgemeinschaft.

Ab dem 7. Jahrhundert gründeten iroschottische Mönche im fränkischen Gebiet Dutzende kleine Gemeinschaften, sogenannte Zellen. Sie verbanden das

Urbarmachen der Natur mit christlicher Verkündigung und brachten damit die Wirklichkeit Gottes mit alltäglichen Lebensabläufen in Verbindung. Ab dem 10. Jahrhundert übernahmen Klöster und Laienbruderschaften noch stärker diakonische Aufgaben und es entstanden Hospize und Spitäler. Zu den diakonisch tätigen Gruppen gehörten auch weibliche Gemeinschaften wie die Beginen. Die Klöster waren sichtbare Zeichen der Liebe Gottes, von denen sowohl Missionierung als auch Impulse zur Veränderung der Gesellschaft ausgingen.

2.3 Diakonie in der Reformationszeit

Im 13. bis 15. Jahrhundert entwickelten sich in Deutschland zahlreiche Städte. Durch die damit verbundene Geldwirtschaft wurden viele Bettler angezogen. Die Aufgaben der karitativen Fürsorge wurden in den Städten von den neu entstandenen Handwerkszünften, Stiftungen und weltlichen Behörden wahrgenommen und mit Vorschriften geregelt. Diese Situation fanden die Reformatoren vor. Sie waren mit der Praxis der Diakone als Gehilfen des Bischofs und den Klöstern unzufrieden und wollten die diakonische Verantwortung der Kirche erneuern. In der Auseinandersetzung mit den konkreten gesellschaftlichen und kirchlichen Bedingungen gingen sie unterschiedliche Wege.

Luther: Leisniger Kastenordnung

Martin Luther unternahm 1523 mit der „Leisniger Kastenordnung“ einen Versuch, der örtlichen Kirchengemeinde diakonische Verantwortung zu übertragen. Die Erfahrung zeigte jedoch, dass die Kirchengemeinden dazu zu schwach waren und die benötigten Mittel unterschätzt wurden. Luther empfahl deshalb, die Aufgabe der Diakonie „vorübergehend“ an die weltliche Obrigkeit zu übertragen.

Zwingli: Diakonie als städtische Aufgabe

Für den Schweizer Reformator Zwingli war Diakonie Ausdruck einer allgemeinen karitativen Verantwortung der christlichen Gesellschaft. Da die Kirchenverwaltung in diesem Bereich ihre Inkompetenz bewiesen hatte, übergab er die Verantwortung für die Diakonie dauerhaft dem Magistrat.

Bucer: Nächstenliebe als Kennzeichen des Glaubens

Der Reformator Martin Bucer in Straßburg verstand die Kirche gleichzeitig als allgemeine Volkskirche und als bekennende Gemeinschaft, in der Gottes

Reich auf der Erde sichtbar wird. Grundlage dieser Gemeinschaft war die Nächstenliebe als Kennzeichen des Wesens Gottes und Folge des Glaubens. Bucer sah das Diakonat als eines der vier kirchlichen Ämter und wollte dazu auch Frauen einsetzen. Auch er konnte aber seine Vorstellung von der Diakonie als Ausdruck geistlichen Lebens letztlich nicht verwirklichen und die Diakonie blieb ein sozialer Dienst unter der Aufsicht der weltlichen Obrigkeit.

Calvin: Zweifacher Auftrag der Kirche

Der Genfer Reformator Johannes Calvin wollte die Kirche nach dem Vorbild der Urkirche reformieren und nahm einige von Bucers Vorstellungen auf. Er sah die Verkündigung des Evangeliums und dessen Verwirklichung in der Nächstenliebe als den zweifachen Auftrag der Kirche. Diakonie wollte er deshalb eng mit Gottesdienst und Abendmahl verknüpfen. Calvin konnte seine Ziele aber ebenfalls nicht durchsetzen, sondern erkannte ähnlich wie Bucer das städtische Pflegeamt als kirchliches Amt an.

Die Rückkehr zur biblischen Lehre war ein großer Verdienst der Reformation, dagegen gelang es den Reformatoren nicht, nach dem Vorbild der Urgemeinde bekennende Gemeinden aufzubauen, zu deren Lebensäußerungen auch eine geistlich begründete Diakonie gehörte. Die ungünstige wirtschaftliche Lage und das Ausmaß der Armut trugen dazu bei, dass die Ansätze zur Belebung der Gemeindediakonie erfolglos blieben. Die Verantwortung für die Diakonie blieb in den reformatorischen Kirchen damit beim städtischen Bürgertum.

2.4 Diakonische Initiativen von Pietismus und Erweckungsbewegung

Nach dem 30-jährigen Krieg bekam das Anliegen der Diakonie neue Impulse von den Vätern des Pietismus, Philipp Jacob Spener, August Hermann Francke und Nikolaus Graf von Zinzendorf. Der Pietismus betonte, dass Glaube nicht nur intellektuelle Rechtgläubigkeit sei, sondern sich in der Tat beweisen müsse.

Spener: Missstände in Kirche und Gesellschaft

In seinem 1675 verfassten Hauptwerk „Pia Desideria" prangerte der Theologe Philipp Jacob Spener (1635-1705) Missstände in Kirche und Gesellschaft an und schlug ein umfassendes Reformprogramm vor. Speners Ziel waren lebendige Gemeinschaften wahrer Christen, die von der Liebe geprägt die Welt verändern würden. Neben dem Anliegen der geistlichen Erneuerung befasste sich Spener auch mit konkreten gesellschaftlichen Problemen. In Frankfurt am Main ordnete er schon 1666 die Armenpflege neu und trug 1679 zur Gründung des Frankfurter Armen-, Waisen- und Arbeitshauses bei. In Berlin machte er Vorschläge zur Behebung der „Bettelplage“, der Beschaffung von Arbeitsplätzen und zur Versorgung von Witwen, Waisen und Invaliden.

Francke: Fortschrittliches Schulsystem

August Hermann Francke (1663-1727) wirkte als Gemeindepfarrer und Professor für orientalische Sprachen in Glaucha bei Halle. Dort gründete er 1695 ein Waisenhaus, aus dem sich eine Schulstadt für 2500 Menschen mit einem für die damalige Zeit fortschrittlichen Schulsystem entwickelte. Neben dem Waisenhaus gehörten zu der Einrichtung u. a. Schulen für Jungen aus dem Bürgertum, eine Mädchenschule, das „Pädagogium Regium“ für Kinder aus dem Adel, Freitische zur Versorgung von armen Studenten, ein Lehrerseminar und ein Seminar zur Vorbereitung auf die Universität.

Obwohl es bei Spener Ansätze zur Einführung der Gemeindearmenpflege gab, fehlten Spener und Francke ebenso wie den Reformatoren dazu die geistlich lebendigen Gemeinden. Daher erwarteten sie die Verwirklichung ihrer diakonischen Ziele von staatlichen Maßnahmen bzw. von Privatinitiativen engagierter Christen.

Zinzendorf: Diakonische Lebensgemeinschaft

Nikolaus Graf von Zinzendorf ging einen anderen Weg und verwirklichte Diakonie als ein Merkmal der Herrnhuter Brüdergemeine. Die Brüdergemeine bildete Ortsgemeinden, sogenannte „Dörfer des Heilands“, in denen die christliche und die bürgerliche Gemeinde eng verbunden waren. Die Brüdergemeinen waren geistliche und diakonische Lebensgemeinschaften, in denen Standesunterschiede überwunden wurden und sich Begabungen entfalten konnten. Nach außen waren sie missionarisch und diakonisch aktiv. Im Baltikum setzten sie sich zum Beispiel für die unterdrückte Landbevölkerung, in der Karibik für Sklaven und in Nordamerika für die indianische Bevölkerung und die Einwanderer ein.

Oberlin: Entwicklung des Steintals

Von der Herrnhuter Brüdergemeine wurde auch die Arbeit Johann Friedrich Oberlins (1740-1826) im Steintal in den Vogesen beeinflusst. Als Pfarrer engagierte sich Oberlin für die Entwicklung seines isolierten und verarmten Gemeindebezirks. Zu seinen Projekten gehörten der Straßen- und Brückenbau, die Verbesserung der Landwirtschaft, die Ausbildung von Handwerkern, eine Spar- und Darlehnskasse und die Ansiedlung von Gewerbe. Sein besonderes Anliegen war die Vorschul- und Schulausbildung der Kinder. Oberlin ließ Schulhäuser in drei Dörfern bauen, unterstützte Internatsschüler und besorgte Unterrichtsmaterial. Er schuf auch neue Dienstmöglichkeiten für Frauen als Mitarbeiterinnen in den Kindergärten und als ehrenamtliche Diakoninnen in der Gemeinde. Diakone und Diakoninnen wurden aus den Reihen der Gemeindeglieder für jeweils 6 oder 12 Monate gewählt und hatten soziale und seelsorgerliche Aufgaben. Oberlins Modell einer diakonischen Gemeinde im abgelegenen Steintal stieß auf vielseitiges Interesse, wurde aber zu seiner Zeit nicht von anderen Gemeinden übernommen.

Spittler: Diakonische Einrichtungen

Von der Erweckungsbewegung in der ersten Hälfte des 19. Jahrhunderts gingen zahlreiche diakonische Initiativen aus, die fast ausschließlich als Vereine organisiert waren. In Basel und Südwestdeutschland war der Sekretär der „Deutschen Christentumsgesellschaft“ Christian Friedrich Spittler (1782-1865) an der Gründung von etwa 20 Werken und Einrichtungen beteiligt, darunter der „Kinderrettungs- und Lehreranstalt“ in Beuggen, Einrichtungen für Taubstumme und Epileptiker sowie Herbergen für ledige Arbeiterinnen und Studenten. Während sich die Staatskirche dieser Aufgaben nicht annahm, schlossen sich an vielen Orten erweckte Christen in Vereinen zusammen, um diakonische Einrichtungen zu unterstützen.

Wichern: Rauhes Haus und Innere Mission

Der Gründer der Inneren Mission, Johann Hinrich Wichern (1808-1881), setzte sich für einen ganzheitlichen Dienst der Kirche ein. Im Rahmen der Sonntagsschularbeit besuchte er Familien in Hamburgs Arbeitervierteln und war von der dort herrschenden seelischen und materiellen Not überwältigt. Mit dem „Rauhen Haus“ schuf er eine Modelleinrichtung zur Fürsorge für Kinder. Durch seine „Fliegenden Blätter“ informierte er die Öffentlichkeit über diakonische Initiativen und verbreitete die Anliegen der Inneren Mission. Auf dem evangelischen Kirchentag 1848 in Wittenberg hielt Wichern seine berühmte „Stegreifrede“ und rief zur Gründung des „Centralausschusses für die Innere Mission der deutschen evangelischen Kirche“ auf, der im selben Jahr gegründet wurde.

Wichern forderte, dass, geboren aus der Liebe Christi, sich Glaubenswort und Glaubenstat verschwistern sollten. Unter dem von ihm häufig gebrauchten

Begriff der „rettenden Liebe“ verstand er sowohl die ewige Rettung wie die irdische Heilung. Wichern wollte die Staatskirche von unten durch kleine Gemeinschaften ernster Christen erneuern, die sich durch gegenseitige Liebe von der Welt abheben sollten. Gleichzeitig sollten die Gemeinden durch Diakonie nach außen wirken und die Staatskirche zur Volkskirche verändern. Gegenüber dem autoritär-staatskirchlichen System versuchte Wichern, das allgemeine Priestertum durch freie Vereine zu verwirklichen. Das führte allerdings dazu, dass die Innere Mission nicht in die Kirche integriert wurde, sondern sich neben ihr entwickelte. Die Gemeinden übernahmen einige Aktivitäten, konzentrierten sich aber auf Gottesdienst, Seelsorge und Unterricht. Die Diakonie nahm als Institution neben der Gemeinde ein eigenes Leben und eine eigene Dynamik an.

2.5 Diakonie im Sozialstaat

Aufgrund der durch die Industrialisierung verursachten großen sozialen Probleme wurden im Deutschen Reich ab 1883 die ersten Sozialgesetze eingeführt. Um 1890 kam es in der evangelischen Kirche zu intensiven Diskussionen über die soziale Frage und Gemeindediakonie. Es gelang aber nicht, Diakonie und Seelsorge in den Ortsgemeinden zu verbinden, die Innere Mission entwickelte sich weiter als Institution neben den Gemeinden. Die zur gleichen Zeit entstehende Gemeinschaftsbewegung betrieb zwar diakonische Einrichtungen und ermutigte auf persönlicher Ebene zum diakonischen Engagement, konzentrierte sich aber vor allem auf Evangelisation und das Sammeln von Erretteten. Dadurch blieben auch in den Landeskirchlichen Gemeinschaften diakonische Aufgaben von untergeordneter Bedeutung.

Ausbau des Sozialstaats

Nach dem Ersten Weltkrieg wurde in der Weimarer Republik der Sozialstaat weiter ausgebaut. Die Beziehung zwischen staatlichen Interventionen und freier Fürsorge wurde durch das Subsidiaritätsprinzip geregelt, wonach der Staat erst unterstützend eingreift, wenn die freie Fürsorge nicht ausreicht. Für die Innere Mission bedeutete dies eine engere Zusammenarbeit und Förderung durch den Staat, aber auch eine zunehmende Bürokratisierung. Mit einer Unterbrechung durch das Dritte Reich setzte sich diese Entwicklung später fort.

Diakonisches Werk als sozialer Konzern

Direkt nach dem Zweiten Weltkrieg brach die Frage nach der diakonischen Aufgabe der Ortsgemeinde neu auf. Angesichts der großen Not nach dem Zusammenbruch schienen die Ortsgemeinden das Potenzial für breitflächige Hilfe zu bieten. In den folgenden Jahren wurden auch einige diakonische Modellprojekte in Gemeinden durchgeführt. Dieser Ansatz wurde aber verdrängt durch die Gründung und den Ausbau des Evangelischen Hilfswerks, das 1976 mit der Inneren Mission zum Diakonischen Werk vereinigt wurde. In Westdeutschland haben der Sozialstaat und die institutionelle Diakonie diakonische Aufgaben übernommen. Kirchengemeinden unterhielten oft Diakonie-Stationen und Kindergärten, die aber kaum mit dem Gemeindeleben verknüpft waren. In der DDR sollte sich Diakonie aus staatlicher Sicht auf Randgruppen konzentrieren und möglichst in besonderen Einrichtungen und ohne missionarisches Anliegen stattfinden. Auch in den Landeskirchlichen Gemeinschaften gab es nach einer Untersuchung aus den 80er Jahren nur wenige diakonische Aktivitäten. Das Diakonische Werk entwickelte sich zu einem Mega-Player auf dem sozialen Markt, verlor dabei aber an geistlichem Profil. Der Mangel an Beziehungen zwischen Gemeinden und Diakonie wurde von Vertretern aus Kirche und Diakonie immer wieder kritisiert.

Neues Interesse an Gemeindediakonie

Seit dem Ende des 20. Jahrhunderts wird wieder stärker über Gemeindediakonie nachgedacht. Einerseits haben in Deutschland soziale Probleme und Armut zugenommen, andererseits beschäftigen sich christliche Gemeinden angesichts von Kirchenaustritten und rückgängigem Gottesdienstbesuch stärker mit der Frage nach ihrem Auftrag und ihrer Bedeutung in der Gesellschaft. In ihrer Diakonie-Denkschrift sprach sich die EKD 1998 dafür aus, die Distanz der Kirchengemeinden zur Diakonie zu überwinden, damit eine Basisdiakonie entstehen könne. Auch führende Vertreter der Gemeinschaftsbewegung und verschiedene Gemeindeentwicklungsprogramme haben in den letzten Jahren neues Interesse am diakonischen Auftrag der Gemeinde gezeigt.

3. Gemeindeentwicklung und Diakonie

Wie im vorigen Kapitel dargestellt stand Diakonie in der Geschichte immer wieder im Spannungsfeld zwischen spezialisierten Institutionen und der Verantwortung der örtlichen Gemeinde. In Deutschland wurden nach dem Zweiten Weltkrieg diakonische Aufgaben vor allem vom Diakonischen Werk wahrgenommen. In Folge der Zentralisierung und Spezialisierung verlor die diakonische Arbeit in Gemeinden immer mehr an Bedeutung. Gleichzeitig gewannen seit dem Ende der 70er Jahre sowohl im freikirchlichen, im Gnadauer als auch im landeskirchlichen Bereich Gemeindeaufbau-Konzepte an Bedeutung. Diese schienen zunächst kaum Bezug zu diakonischen Aufgaben zu haben. In den letzten Jahren hat die diakonische Verantwortung der Gemeinde wieder größere Beachtung erfahren. Dies wird auch im Bereich der Gemeindeentwicklung deutlich.

3.1 Church Growth Movement

Als Vater der Gemeindewachstumsbewegung gilt der amerikanische Theologe Donald A. McGavran. Er war in den 30er Jahren für eine umfangreiche Missionsarbeit in Indien verantwortlich und untersuchte dort, welche Faktoren zum Wachstum von Gemeinden beitragen. Sein 1970 veröffentlichtes Buch „Understanding Church Growth" wurde das Standardwerk der Gemeindewachstumsbewegung.

Vorrang der Evangelisation

McGavrans Position zur diakonischen Arbeit ist geprägt von der Auseinandersetzung mit der „Social Gospel"-Bewegung in den USA zu Beginn des 20. Jahrhunderts und mit dem Missionsverständnis des Weltkirchenrats in den 60er und 70er Jahren. Dem gegenüber grenzt sich McGavran deutlich ab und versteht unter Mission lediglich Evangelisation, nicht aber sozialen Dienst. Er glaubt, dass soziale Hilfe Gott wohlgefällig ist, allerdings niemals an die Stelle von Evangelisation treten darf, die absolute Priorität hat. McGavran nennt allerdings wichtige Beziehungen zwischen Evangelisation und Gemeindewachstum einerseits und sozialer Veränderung andererseits. Er sieht, dass sich Gott besonders den Armen zuwendet und diese Botschaft eine ungeheure

Hoffnung vermittelt. Als Folge von Bekehrungen kommt es häufig zu sozialem Aufstieg, der dazu führen kann, dass sich Christen von ihrem ursprünglichen sozialen Umfeld isolieren. Sie sollten dem entgegenwirken, in dem sie sich mit ihren Mitmenschen identifizieren, ihnen dienen und sich als gute Glieder ihrer Gesellschaft erweisen. Statt sich den Luxus großer wohltätiger Einrichtungen zu leisten, sollte nach McGavran die christliche Mission ihre sozialen Aktivitäten der konkreten Situation am Ort anpassen.

Diakonie als Teil des Auftrags

C. Peter Wagner, der Mitarbeiter und Nachfolger McGavrans an der Fuller School of World Missions, hat im Wesentlichen dessen Konzept übernommen. Wie McGavran gibt er dem evangelistischen Auftrag klare Priorität. In Bezug auf die Bedeutung der sozialen Verantwortung hat er sich jedoch weiterentwickelt, angestoßen durch die Schriften John Stotts und die Mitarbeit im Lausanner Komitee für Evangelisation. Wagner versteht soziales Handeln nicht nur als Brücke zur Verkündigung, sondern als Teil des Auftrags der Gemeinde. Dieser

> *„zielt auf das Wohl des ganzen Menschen. Er will nicht nur Seelen retten, sondern Menschen in die Lage versetzen, in ihrem gegenwärtigen Leben einen Vorgeschmack des Reiches Gottes zu erleben.“*[44]

Sozialer Dienst oder soziale Aktion?

Da sozialer Dienst im Gehorsam gegenüber Gott geschieht und ihn ehrt, ist er auch dann gerechtfertigt, wenn dadurch nicht direkt Menschen zum Glauben an Jesus kommen. Wagner unterscheidet zwischen sozialem Dienst und sozialer Aktion. Bei sozialem Dienst geht es darum, unmittelbare Nöte zu lindern, während durch soziale Aktionen ungerechte Strukturen verändert werden sollen. Nach Wagner hat sozialer Dienst seinen Platz in der Gemeinde, während soziale Aktionen besser von besonderen Gruppen, die sich auf diese Zielsetzung konzentrieren, vorangetrieben werden. Gemeindewachstum wird nach seiner Erfahrung eher durch sozialen Dienst gefördert, während soziale Aktionen das Gegenteil bewirken können.

Ein wichtiger Aspekt der Arbeit Wagners sind die sieben Faktoren der Gesundheit von Gemeinden. Soziale Dienste werden dabei nicht direkt genannt. Allerdings stehen die Faktoren „Einsatz der Geistesgaben“, „Nöte und Erwartungen der Mitglieder ansprechen“ und „Gemeinschaft in kleinen Zellen“ in Beziehung zur Diakonie. Den fehlenden Blick für die, die draußen sind, sieht Wagner als ein Defizit an, das Gemeindewachstum behindern kann.

3.2 Natürlicher Gemeindeaufbau

Der deutsche Theologe Christian A. Schwarz hat seit den 80er Jahren mit seinen Büchern und Seminaren Beiträge zur Gemeindeentwicklung verfasst, die breite Beachtung und Aufnahme fanden. Anstöße dazu bekam Schwarz zum einen von seinem Vater Fritz Schwarz, der als Pfarrer und Superintendent im Ruhrgebiet wirkte, und zum anderen von McGavran und Wagner, mit denen er am „Fuller Theological Seminary" zusammenarbeitete. Gemeinsam mit seinem Vater beschrieb Schwarz die Erfahrungen mit dem Projekt „überschaubare Gemeinde" in Herne sowie eine „Theologie des Gemeindeaufbaus". Von Wagner übernahm Schwarz u. a. die „sieben Kennzeichen von gesunden Gemeinden", die bei ihm ergänzt um den Faktor „liebevolle Beziehungen" als die „acht Qualitätsmerkmale" erscheinen.

Missionarisches Bewusstsein und soziale Verantwortung

Obwohl Schwarz ähnlich wie Wagner die Evangelisation als entscheidend für den Gemeindeaufbau sieht, misst er besonders in seinen frühen Veröffentlichungen sozialem Handeln große Bedeutung bei. Bei dem von Fritz Schwarz initiierten Projekt „überschaubare Gemeinde" ging es darum, in kleinen Gruppen von Christen missionarisches Bewusstsein und soziale Verantwortung zu praktizieren. Dadurch sollten von diesem engeren Kreis Wirkungen in die weitere Gemeinde ausgehen. Nach Christian Schwarz können Christen und Gemeinden nicht unpolitisch sein, sondern müssen sich den gesellschaftlichen Herausforderungen stellen und aktiv werden. Die Taten der Liebe ergänzen und unterstützen die Evangelisation, dürfen aber nicht als Köder missbraucht werden.

Liebe als Gemeindeaufbau-Methode

Während sich Christian A. Schwarz in den 80er Jahren sehr deutlich zur sozialen Verantwortung geäußert hat, scheint das Thema in der neuen Literatur über die „natürliche Gemeindeentwicklung" keine bedeutende Rolle zu spielen. Bei genauerem Hinsehen haben jedoch die Gemeindewachstumsfaktoren „bedürfnisorientierter evangelistischer Dienst", „Kleingruppen" und „liebevolle Beziehungen" viel mit praktischer Liebe und diakonischen Aufgaben zu tun.
Zum Faktor „liebevolle Beziehungen" schrieb Schwarz 1990 das Buch „Der Liebe-Lern-Prozeß". Er bezeichnet mangelnde Liebe als größtes Hindernis für den Gemeindeaufbau und Liebe als das Zentrum des christlichen Glaubens:

> *„Das Motiv des Gemeindeaufbaus ist Liebe, die Botschaft ist Liebe, und - das ist eine empirisch nachweisbare Erkenntnis - es gibt keine bessere Gemeindeaufbau-Methode als die Liebe."*[45]

Schwarz schlägt verschiedene Aktivitäten vor, durch die einzelne Christen lernen sollen, anderen liebevoller zu begegnen, sodass die Gemeinden liebesfähiger werden. Diese Aktivitäten finden sich auch im 2004 erschienenen Buch „Die 3 Farben der Liebe“.

Die von Schwarz beschriebenen Übungen sind sicherlich eine Hilfe, um liebevolle Beziehungen innerhalb der Gemeinde zu entwickeln. Sie müssten jedoch ergänzt werden durch Ansätze, die helfen, das Umfeld der Gemeinde zu sehen und auch Menschen in anderen Milieus in den Blick zu bekommen.

3.3 Willow Creek Community Church

Die Willow Creek Community Church (WCCC) wurde 1975 von Bill Hybels in einem Vorort von Chicago gegründet und ist seitdem auf ca. 22 000 wöchentliche Gottesdienstbesucher angewachsen. Die Erfahrungen von Willow Creek besonders mit Gottesdiensten für Fernstehende wurden in Deutschland verbreitet und von vielen Gemeinden sowohl aus den Landeskirchen, dem freikirchlichen Bereich als auch von Landeskirchlichen Gemeinschaften übernommen.

Mittelschicht als Zielgruppe

Ursprünglich war die Arbeit der WCCC sehr stark auf die Bedürfnisse von Mittelschicht-Familien konzentriert. Die Zielgruppe wurde als „unchurched Harry“ beschrieben, der zwischen 25 und 45 Jahren alt und verheiratet ist, Kinder hat, ein Studium absolvierte, im Büro arbeitet, in einer Mittelschicht-Umgebung lebt und vor allem persönliche Erfüllung sucht. Wie bei dieser Zielgruppe zu erwarten ist, spielte diakonische Arbeit in der WCCC zunächst nur eine sehr untergeordnete Rolle. Ab 1986 wurden von Tom Jensen unter dem Titel „Community Care“ verschiedene gemeindediakonische Dienste aufgebaut. Im deutschsprachigen Raum wurde dieser Arbeitszweig von Willow Creek vor allem durch den Leitungskongress 2008 unter dem Titel „Evangelisation und Diakonie Hand in Hand“ bekannt.

Gemeindediakonie, Netzwerkdiakonie und weltweite Diakonie

Die diakonische Arbeit ist in die Hauptbereiche *Gemeindediakonie*, *Netzwerkdiakonie* und *weltweite Diakonie* gegliedert. Schwerpunkte der Gemeindediakonie sind Seminarangebote (Monday Night Life) zu Themen wie Ehe und Scheidung, Trauer, Finanzen, Job und Karriere, Sucht, Krankheit und

Missbrauch. Zu diesen Themen werden auch verschiedene Selbsthilfegruppen angeboten. Daneben gibt es „Pastoral Care“ bei Beerdigungen, Krankenbesuchen und Seelsorge, aber auch eine Tafel für Bedürftige, eine Autowerkstatt und finanzielle Unterstützung. Neben den Aktivitäten in der eigenen Gemeinde spielen Partnerschaften mit anderen Gemeinden, Vereinen, Behörden und Unternehmen eine wichtige Rolle. Dadurch ist eine qualifiziertere Beratung und Betreuung möglich und Ressourcen werden besser genutzt.[46]

Evangelisation und Diakonie

Die WCCC möchte ein Gleichgewicht zwischen sozialer Fürsorge und Evangelisation halten und Grenzen zwischen diakonischen Dienstbereichen und anderen Lebensäußerungen von Gemeinde durchbrechen. Um das deutlich zu machen, wurde das Wort „Carevangelism“ (Fürsorge-Evangelisation) geprägt. Man versucht die Spannung auszuhalten, einerseits ohne Vorbedingungen zu helfen und andererseits den Menschen das Evangelium als Brot des Lebens nicht vorzuenthalten. Darum wird in den diakonischen Arbeitsbereichen darauf geachtet, dass die Mitarbeiter Zeit zum Gespräch haben und den Gästen angebieten können, für sie zu beten. Mehr als die Hälfte der Menschen, die sich in Willow Creek dem Glauben zuwenden, tun diesen Schritt im Zusammenhang von Community Care.

Dienst als geistliche Erfahrung

Der diakonische Dienst soll in der WCCC auch das geistliche Leben der Mitglieder fördern und das Priestertum aller Gläubigen verwirklichen. Menschen, die selbst Zerbruch erlebt haben, werden ermutigt, ihre geistlichen Gaben zu schulen und andere auf dem Weg der Heilung zu begleiten. Die Gemeindeglieder sollen erleben, wie ihr persönlicher Glaube in Tat und Wort aktiv wird und sie Menschen in schwierigen Situationen weiterhelfen können.

Im Blick auf den diakonischen Dienst hat die Willow Creek Community Church eine deutliche Veränderung erlebt. Während man sich zunächst auf die Mittelschicht konzentrierte, sieht man heute auch den Auftrag an Menschen aus allen Schichten. Dabei wird Diakonie nicht als Mittel zum Gemeindeaufbau, sondern als Teil des göttlichen Auftrags gesehen, der auch für die geistliche Entwicklung der Gemeindeglieder von großer Bedeutung ist.

3.4 Gemeindeaufbau in der Volkskirche

Einer der führenden Gemeindeaufbauexperten in Deutschland ist heute Professor Michael Herbst. In seiner in den Jahren 1981 bis 1985 erstellten Dissertation beschäftigte er sich mit dem Gemeindeaufbau als Problem der Praktischen Theologie und entwickelte sein Konzept des kybernetischen Gemeindeaufbaus[47]. Michael Herbst ist Professor für Praktische Theologie in Greifswald und leitet seit 2004 das Institut zur Erforschung von Evangelisation und Gemeindeaufbau. Er hat wiederholt als Redner bei Willow-Creek-Kongressen mitgewirkt.

Diakonie als Gestalt von Gemeinde

Obwohl der Schwerpunkt der Arbeit von Herbst auf Evangelisation und Gemeindeaufbau liegt, haben diakonische Anliegen darin einen festen Platz. In seiner Dissertation definiert er Gemeindeaufbau als

> *„das Werk des erhöhten Herrn Jesus Christus, der selbst seine Gemeinde von Brüdern zusammenruft, ihrem Leben Gestalt gibt und sie in seinem Auftrag aussendet."*[48]

Zur Gestalt und zum Auftrag der Gemeinde gehört nach seiner Überzeugung auch die Diakonie. Herbst bezieht sich dabei stark auf Wichern, für den „Glaubenswort und Glaubenstat" stets zusammengehörten. In seinen drei kybernetischen Grundsatzentscheidungen (Die geistliche Erneuerung des Pfarrerstandes - Die Laien - Die Fernstehenden) hat Diakonie vor allem im Dienst der Laien ihren Platz. Herbst möchte den Einsatz der diakonischen Gaben fördern und sieht diakonische Hilfe auch als wichtiges Element für Hauskreise. In Bezug auf die Fernstehenden möchte Herbst die Beschränkung der Mitarbeiter auf Binnenkontakte in der Gemeinde überwinden und nennt als Vorbild Wichern, der Nöte aufspürte, die andere gar nicht gesehen hatten.

Brücke zu den Menschen

In neueren Vorträgen und Veröffentlichungen geht Herbst noch deutlicher auf die Rolle der Diakonie im Gemeindeaufbau ein. In seinem Vortrag zum Willow Creek-Kongress im November 2005 in Braunschweig machte er z. B. deutlich, dass es der Auftrag der Gemeinde ist, Menschen absichtslos zu dienen und sie nicht zu Missionsobjekten zu machen. Gleichzeitig sieht er eine enge Beziehung zwischen Diakonie und Evangelisation:

> *„Ich bin mehr und mehr davon überzeugt, dass die größte evangelistische Kraft in der Liebe liegt. [...] Menschen werden gewonnen, weil sie Liebe erfahren, überraschende, dauerhafte, echte und belastbare Liebe."*[49]

Den Auftrag „Geht hin in alle Welt!“ sieht er als eine Ermutigung, uns nach außen zu wenden und Beziehungen zu den Kleinen, den Armen, den Kindern, den Schuldigen, den Schwachen aufzubauen. Diakonie ist nach Herbst die entscheidende Brücke zum Herzen der Konfessionslosen, durch die Gottes Liebe leiblich spürbar wird.
Diakonischer Dienst trägt nach Herbst darüber hinaus dazu bei, Christen für Mission zu motivieren. Neben einer ausgeprägten Christus-Spiritualität ist für Herbst die Orientierung nach außen und das bewusste Wahrnehmen des sozialen Umfelds eine wichtige Charakteristik missionarischer Gemeinden und entscheidend für die Motivation der Gemeindeglieder.

Während Diakonie in den modernen Gemeindeaufbaukonzepten auf den ersten Blick keine große Rolle zu spielen scheint, zeigt sich beim genaueren Hinsehen, dass die Bedeutung des diakonischen Auftrags für die Gemeinde durchaus wahrgenommen wird. Dabei werden unterschiedliche Schwerpunkte gesetzt.
Christian A. Schwarz stellt in seinen neueren Veröffentlichungen das Verhalten des Einzelnen und liebevolle Beziehungen in der Gemeinde in den Vordergrund. Die Willow Creek Community Church will die Bedürfnisse der Menschen in ihrem Umfeld wahrnehmen und darauf eingehen. Die diakonischen Dienste bieten die Chance zur Mitarbeit und zur Einbindung in die Gemeinde und geben Impulse zur geistlichen Entwicklung. Michael Herbst spricht von der evangelistischen Kraft der Liebe und betont den Zusammenhang von Diakonie und Spiritualität.

Die verschiedenen Gemeindeaufbaukonzepte erkennen die Bedeutung der tätigen Liebe für die Gemeinde an und ermutigen Gemeinden dazu, diakonische Aufgaben wahrzunehmen.

Teil 2 Methoden zur Entwicklung diakonischer Projekte

4. Diakonie in der Gemeinde

5. Diakonische Ansätze aus anderen Ländern

6. Schritte zur diakonischen Gemeinde

7. Werkzeugkiste
   für diakonische Gemeindeentwicklung

4. Diakonie in der Gemeinde

Wer sich mit Gemeindediakonie beschäftigt, muss sich mit einer Reihe von theologischen und praktischen Fragen auseinandersetzen. Dazu gehören Fragen nach

4.1 dem Gemeindeverständnis:
Ist die Gemeinde nach innen oder außen orientiert?

4.2 der Beziehung zwischen Diakonie und Verkündigung:
Geht soziales Engagement zulasten des geistlichen Anliegens?

4.3 Mitarbeitern und Partnern:
Ist Diakonie eine exklusive Aufgabe der Gemeinde oder arbeiten wir mit gemeindefremden Menschen und Organisationen zusammen?

4.4 Diakonie und Politik:
Wollen wir nur Wunden heilen oder auch Strukturen verändern?

4.5 der Öffentlichkeitsarbeit:
Tun wir Gutes und reden davon oder soll die Linke nicht wissen, was die Rechte tut?

4.6 dem Nächsten:
Wo ist unser Einsatz nötig?

4.1 Unser Gemeindeverständnis

Dass sich Diakonie mit dem Gemeindeverständnis auseinandersetzen muss, ist auf den ersten Blick nicht selbstverständlich. Diakonie wird oft als ein Verbund von Institutionen verstanden, die wenig mit dem Leben der Gemeinden zu tun haben. Auf der anderen Seite findet man in vielen christlichen Gemeinden einzelne Gemeindeglieder oder Gruppen, die sich diakonisch betätigen, ohne dass die Gemeinde als Ganzes diesen Diensten entscheidende Bedeutung beimisst. Ist Diakonie also eine Aufgabe für Spezialisten?

Gegenüber diesem verbreiteten Verständnis betonen viele Theologen, dass Diakonie nicht nur eine Aufgabe für einzelne Christen, sondern ein zentraler Auftrag der Gemeinde ist. Der Schweizer Pastor Roland Hardmeier macht deutlich, dass Gottes Reich durch den Dienst der Gemeinde sichtbar werden soll:

> *„Wenn die Kirche die Manifestation des durch Jesus angebrochenen Reiches ist, dann ist es ihre Aufgabe, die Werte des Reiches im kirchlichen Leben und im Dienst an der Welt praktisch zu demonstrieren. Anders ausgedrückt: Die Kirche muss das Heil, das sie verkündigt, verkörpern.“*[50]

Wie Professor Michael Herbst betont, geht es in der Frage nach der Rolle der Diakonie nicht nur um organisatorische Veränderungen im Programm der Gemeinde, sondern um

> *„eine Erneuerung in der Kultur der Gemeinde, also z. B. eine Wendung von innen nach außen, eine neue Aufmerksamkeit für die da draußen.“*[51]

Wenn Diakonie zentral zum Auftrag der Gemeinde gehört, muss dies auch im Selbstverständnis der Gemeinde zum Ausdruck kommen.

Gemeinde der Vielfalt oder Milieuverengung?

Das Neue Testament spricht davon, dass die Gemeinde aus Menschen von unterschiedlichen Volksgruppen und sozialen Schichten besteht (Gal 3,28; 1. Kor 12,13). Dagegen macht die aktuelle soziologische Forschung deutlich, dass die Mehrzahl der aktiven Kirchenmitglieder in Deutschland nur wenigen soziologischen Milieus zuzuordnen ist. Obwohl die Volkskirche noch am ehesten Kontakte zu sehr vielen Menschen hat, ist sie ebenso von dieser Milieuverengung betroffen wie die Freikirchen und Landeskirchlichen Gemeinschaften. Viele Gemeinden sind nach innen orientiert. Sie sind stark mit sich selbst beschäftigt, nehmen kaum wahr, was draußen geschieht, und haben Mühe, sich auf Besucher aus anderen Milieus einzustellen. Diese binnenkirchliche Sichtweise, die sich in dem Begriff ‚Kirchendistanzierte' ausdrückt, wird von dem Theologen Reiner Knieling kritisch hinterfragt:

> *„Für viele Menschen ist die Kirche nicht selbstverständlich der Maßstab. Sie empfinden sich nicht als Distanzierte. Sie erleben vielmehr eine distanzierte Kirche, eine ferne Kirche, weit weg von den Orten, an denen das Leben spielt, weit weg von den Themen, die Leute bewegen, ohne Raum für die postmodernen Unsicherheiten, Ängste und Hoffnungen."*[52]

Nach innen oder außen orientiert?
Damit stellt sich die Frage, ob Gemeinden vor allem Menschen in die Gemeinde rufen oder selbstlos der Welt dienen sollten. Sollen Gemeinden eher nach innen oder nach außen orientiert sein? Über diese Frage gab es in den 70er Jahren harte Auseinandersetzungen zwischen Evangelikalen und ökumenisch orientierten Christen. Während die eine Seite den Sinn des Christseins vor allem darin sah, anderen zu helfen auch Christen zu werden, vertraten die anderen die Position, dass die Gemeinde durch soziales Engagement, religiösen Dialog und zwischenkirchliche Hilfe in die Welt wirken solle, vernachlässigten dabei aber die Evangelisation und nahmen den Rückgang ihrer Mitgliedschaft in Kauf. Die Spannung zwischen „Sammlung und Sendung" wurde in diesen Modellen jeweils sehr einseitig aufgelöst. Während im ersten Fall die Sammlung überwog und die Mission nur dieser diente, ging es im zweiten Fall einseitig um Sendung unter Aufgabe der Sammlung von Gemeinde.
Heute vertreten viele Theologen die Sicht, dass die Gemeinde sowohl sozial in der Welt wirken als auch durch Evangelisation zum Glauben rufen und Menschen zur Gemeinde hinzufügen muss. Sie fordern dazu auf, dem Beispiel Christi zu folgen und sich von der Konzentration auf die internen Aktivitäten weg zu den Bedürfnissen um sie herum hinzuwenden. Dabei machen sie deutlich, dass der Glaube bei Jesus verankert sein muss, damit die Gemeinde Ausstrahlungskraft hat, die nach außen dringt. Sie muss also sowohl nach innen als auch nach außen orientiert sein.

Die folgenden Gründe sprechen dafür, dass Gemeinden versuchen müssen, ein Gleichgewicht zwischen der Hingabe an die Menschen und dem Aufbau der Gemeinde zu finden.

Erneuerte Gemeinschaft als Voraussetzung für den Dienst in der Welt
Die Sammlung und Stärkung der Gemeinde darf nicht vernachlässigt werden, weil die Verankerung des Glaubens bei Jesus und die durch Christus erneu-

erte Gemeinschaft eine entscheidende Voraussetzung für den Dienst in der Welt ist. Die geistliche Erneuerung, von der das Neue Testament spricht (Joh 3,5; 2. Kor 5,17), beginnt bei dem Einzelnen, betrifft die Ortsgemeinde und soll darüber hinaus in die Gesellschaft wirken. Man kann daher Gemeinde als Kontrastgesellschaft, als Alternative zur industriellen Gesellschaft verstehen. Nachfolge und Jüngerschaft bedeuten, dass die persönliche Erneuerung in konkretem Handeln sichtbar wird.

Die Gemeinde bietet den Raum, um geistliche Einsichten praktisch zu erproben und einen neuen Lebensstil einzuüben. Dazu gehört es zum Beispiel, unseren Reichtum in Gott neu zu entdecken und deshalb zum Verzichten und Teilen bereit zu werden. Der alternative Lebensstil wird vor allem in der Liebe deutlich (Joh 13,34 f.), die besonders in Kleingruppen durch menschliche Nähe, praktische Hilfe und intensiven geistlichen Austausch erlebt werden kann. So wie das Volk Israel als Beispiel gerechter Beziehungen auf Gott hinweisen sollte (5. Mose 4,6 ff.), muss Gottes Liebe zunächst in der Gemeinde sichtbar werden, um dann aber darüber hinaus in die Gesellschaft auszustrahlen. Die Kirche muss das Heil, das sie verkündet, auch verkörpern, wenn ihre Botschaft glaubhaft sein soll.

Liebe, die nach außen strahlt

In der postmodernen Gesellschaft, in der Menschen weniger über die Lehre und mehr über die Erfahrung Zugang zum Glauben gewinnen, haben liebevolle Beziehungen mindestens ebenso große Bedeutung wie verständliche biblische Lehre. Die Kirche der Zukunft muss deshalb gekennzeichnet sein von Herzlichkeit, Wärme und Freundlichkeit. Von entscheidender Bedeutung für den Dienst der Gemeinde ist es, diese liebevolle Atmosphäre nicht von den Menschen der Umgebung abzuschotten, sondern Gottes Liebe bewusst weiterzugeben und andere dazu einzuladen. Die Gemeinde als Gemeinschaft von erneuerten Menschen kann in die Welt wirken, wenn sie sich mit Diakonie und Evangelisation den Menschen zuwendet. Nach Professor Michael Herbst ist Diakonie „vielleicht die entscheidende Brücke zum Herzen der Konfessionslosen."[53]

Diakonie fördert geistliches Wachstum

Ein weiterer Grund für die Integration von Gemeindebau und Dienst an der Welt liegt in der Bedeutung des Dienstes für das geistliche Wachstum der Christen. Obwohl schon im Jakobusbrief gesagt wird, dass sich der Glaube an Christus im konkreten Handeln ausdrücken muss (Jak 2,14-20), wird die

Bedeutung dieses Aspekts oft übersehen. Reiner Knieling spricht davon, dass Glaube durch das Tun des Gerechten genauso wachsen kann wie durch Gebet, und führt weiter aus:

> *„Lehre ohne umfassende Verankerung in der alltäglichen Lebenspraxis der Christen ist nach dem Matthäusevangelium keine Lehre. Die Worte Jesu, die uns überliefert werden, müssen auch vernünftig bedacht und diskutiert werden. Doch das Nachdenken eröffnet nur einen Zugang zu diesen Worten. Zu einem umfassenden Verständnis kommen wir nur, wenn wir uns mit unserer alltäglichen Lebenspraxis auf die Worte einlassen."*[54]

Der Dienst für andere Menschen ist eine entscheidende Voraussetzung für das Wachsen im Glauben. Wenn sich Christen und Gemeinden von der Welt zurückziehen, geht damit oft ein Stillstand des geistlichen Wachstums Hand in Hand.

Die stimulierende Wirkung des diakonischen Engagements hat mindestens zwei Gründe: die Möglichkeit, die eigenen Talente und Gaben einzubringen und zu entwickeln, und die Chance, konkrete Erfahrungen mit dem Glauben zu machen.
Schon Wichern wollte, neben der Hilfe für Notleidende, dazu beitragen, dass die Gaben, die Gott jedem Christen gegeben hat, zum Einsatz kommen. Obwohl christliche Gemeinden in der Regel ihre Mitglieder zur Mitarbeit ermutigen, sind viele Aufgaben innerhalb der Gemeinde auf die Gaben des Redens und der Leitung fokussiert. Diakonische Aufgaben eröffnen dagegen ein weites Betätigungsfeld für Menschen, die eher praktisch begabt sind. Gerade Menschen, die in ihrem Leben selbst Brüche und Notlagen erlebt haben, können diese Erfahrungen nutzen, um anderen beizustehen. Sie erleben dabei, wie Gott sie gebraucht und zu einem Segen für andere werden lässt. Die Erfahrung, gebraucht zu werden und begabt zu sein, ermutigt dann auch dazu, diese Gaben zu schulen und weiterzuentwickeln.

Der Einsatz für andere und die Begegnung mit Hilfsbedürftigen ist auch eine Chance, konkrete Erfahrungen mit dem Glauben zu machen. Dazu gehört schon der Schritt auf den anderen zu, das Sich-Einlassen auf dessen Erfahrungen und Fragen und die Suche nach Antworten aus dem eigenen Glauben. Hinzu kommt die Freude, anderen weiterhelfen zu können. Diese Erfahrungen können dazu ermutigen, den Glauben noch selbstverständlicher im Alltag zu leben. Eine Gemeinde, die diakonisch aktiv ist, verbraucht damit nicht nur die Kraft ihrer Mitglieder, sondern trägt im Gegenteil zu ihrem geistlichen Wachstum und zur Entwicklung ihrer Fähigkeiten bei.

Wie in diesem Abschnitt gezeigt wurde, besteht eine enge Beziehung zwischen Gemeindeverständnis und Diakonie. Ein entsprechendes Gemeindeverständnis ist Voraussetzung für die Zuwendung zur Welt und ihren Nöten. Andererseits kann Diakonie auch zur Belebung der Gemeinde beitragen.

4.2 Diakonie und Verkündigung

Die Frage nach der Beziehung zwischen Diakonie und Verkündigung war in den vergangenen Jahrzehnten Anlass zu umfangreichen theologischen Diskussionen und Auseinandersetzungen. Dabei werden Ängste in zwei Richtungen geäußert: Auf der einen Seite wird befürchtet, dass soziales Handeln die Verkündigung des Evangeliums verdrängt. Andererseits besteht die Angst, dass Diakonie nur Mittel zum Zweck ist und als Köder für die Evangelisation missbraucht wird.

Angst vor dem Verlust der Evangelisation

Die Angst, dass soziales Handeln die Verkündigung verdrängt, indem die Gemeinde sich auf das diesseitige Wohl der Menschen konzentriert und ihr ewiges Heil aus dem Blick verliert, geht auf Auseinandersetzungen in der jüngeren Geschichte zurück. Während sich die Väter des Pietismus und Vertreter der Erweckungsbewegung bis zur Mitte des 19. Jahrhunderts ganz selbstverständlich sowohl um die Verkündigung des Evangeliums als auch um praktische Hilfe für Notleidende bemühten, kam es zum Ende des 19. Jahrhunderts zu einer Spaltung zwischen diesen Anliegen.[55] In Deutschland kam es deswegen am Ende des 19. Jahrhunderts nicht zu einer Vereinigung von Innerer Mission und Evangelisationsbewegung. Vor allem im angelsächsischen Raum wurde diese Spannung zu Beginn des 20. Jahrhunderts in der Auseinandersetzung mit der „Social Gospel"-Bewegung deutlich. Dieser theologische Ansatz wurde in den 60er und 70er Jahren vom Ökumenischen Rat der Kirchen aufgenommen und führte zu großen Spannungen in Bezug auf das Missionsverständnis. Konservative Theologen bezogen dazu 1970 mit der „Frankfurter Erklärung zur Grundlagenkrise der Mission" Stellung. Obwohl diese Auseinandersetzungen schon mehr als 40 Jahre zurückliegen, scheinen sie auch heute noch Bedenken hervorzurufen.

Diakonie als Köder

Auf der anderen Seite wird befürchtet, dass die Evangelisation so stark im Vordergrund steht, dass Diakonie zum Köder an einer religiösen Angel und damit zu einer besonders raffinierten Methode der Manipulation verkommen könnte. Aus Erfahrungen in der Missionsgeschichte spricht man von „Reis-Christen", wenn sich Menschen nur deshalb dem christlichen Glauben zuwenden, weil sie sich davon materielle Vorteile erhoffen. Das Internationale Rote Kreuz legt deshalb in seinen Verhaltensregeln fest, dass Katastrophenhilfe nicht zur Förderung eines bestimmten politischen oder religiösen Standpunktes eingesetzt werden darf.[56]

Die Befürchtung, dass diakonische Hilfe in dieser Weise als Mittel zum Zweck missverstanden werden könnte, kann Christen davon abhalten, im Zusammenhang mit sozialem Dienst ihren Glauben zu bezeugen. Professor Michael Herbst weist deshalb darauf hin, dass zwei Gefahren vermieden werden müssen: „eine rein taktische Nächstenliebe", die nur die Vermehrung der eigenen Anhängerscharen will, und eine „stumme Nächstenliebe, die nicht mehr weiß, dass Verlorenheit jenseits von Gott etwas Schlimmeres ist als das, was Leib und Umwelt einem Menschen zumuten können".[57]

Diakonie als Brücke

Neben der Spannung zwischen Diakonie und Verkündigung gibt es zwischen beiden Diensten aber eine enge Verzahnung, die sich auch in der Praxis beobachten lässt.

Verschiedene Theologen sprechen von der tätigen Nächstenliebe als einer Brücke zu den Menschen. In der Willow Creek Community Church sollen z. B. mehr als die Hälfte der Menschen durch Kontakte im diakonischen Dienst zum Glauben kommen. Diese Brücken sind nötig, weil es in unserer Gesellschaft kaum noch möglich ist, nichtreligiösen Menschen religiöse Inhalte verständlich zu machen. Um den christlichen Glauben in Deutschland wieder stärker zur Geltung zu bringen, sollte daher eine klare missionarische Botschaft mit diakonischen Initiativen als Kommunikationsbrücken verbunden werden. Diakonie ist in diesem Sinn kein Lockmittel, sondern eine Möglichkeit, Kontakt zu Menschen zu bekommen, die sonst keine Beziehung zur Kirche haben und für religiöse Themen wenig ansprechbar sind. Durch das Eingehen auf gefühlte Bedürfnisse wird so eine Vertrauensbasis geschaffen, auf der auch geistliche Fragen angesprochen werden können. Diese Kontakte betreffen Hilfsbedürftige, die Adressaten der Diakonie sind, aber auch engagierte Menschen, die als freiwillige Helfer an der diakonischen Arbeit beteiligt sind.

Ganzheitliche Verkündigung

Weil viele nicht kirchlich sozialisierte Menschen kaum Verständnis für christliche Begriffe haben, muss die Verkündigung mit allen Ausdrucksformen arbeiten, die Menschen Gottes Liebe leiblich spürbar machen. Diakonie macht somit die Verkündigung von Gottes Liebe sichtbar und verstehbar. Wie schon in Jakobus 2,14-18 angedeutet, trägt Diakonie darüber hinaus dazu bei, dass die Botschaft der Gemeinde glaubwürdig ist. Dazu muss die Kirche das Heil nicht nur verkündigen, sondern auch selbst verkörpern. Dies kann sowohl im Miteinander in der Gemeinde als auch durch ihren Dienst nach außen geschehen.

Der ganzheitliche Ansatz, der geistliche, soziale und materielle Bedürfnisse einschließt, entspricht dem biblischen Menschenbild. Gerade in Notsituationen können geistliche Fragen aufbrechen und die Betroffenen nach einer Antwort suchen. Diakonie darf daher Fragen nach Vergebung, Selbstannahme und dem Sinn des Lebens nicht ausblenden oder übergehen. Für einen ganzheitlichen Ansatz spricht sich ausdrücklich auch die Satzung des Diakonischen Werkes der EKD aus, in der es heißt:

> *„Da die Entfremdung von Gott die tiefste Not des Menschen ist und sein Heil und Wohl untrennbar zusammengehören, vollzieht sich Diakonie in Wort und Tat als ganzheitlicher Dienst am Menschen."*[58]

Die soziale Bedeutung des Evangeliums

Das ganzheitliche Menschenbild weist auch darauf hin, dass das seelische Empfinden und die unsichtbare, geistliche Realität große Bedeutung für die soziale und wirtschaftliche Entwicklung eines Menschen haben. Neben physischen und sozialen Ursachen kann Armut auch mentale und geistliche Gründe haben. Dazu gehören z. B. Hoffnungslosigkeit und ein falsches Selbstbild. Das Evangelium kann von Ängsten, Ohnmachtsgefühlen und Hoffnungslosigkeit befreien, Erneuerung schenken und den Menschen eine neue Lebensperspektive geben. Von Christen verantwortete soziale Projekte sollten deshalb auf angemessene Weise den Menschen, denen sie dienen, Gelegenheit geben, die gute Nachricht des Evangeliums zu hören und darauf zu reagieren. Auch das Angebot des Gebets ist eine Möglichkeit, auf die Bedürfnisse von Menschen einzugehen und ihnen ganzheitlich zu dienen. Das Verschweigen des Evangeliums bedeutet dagegen, Menschen Hilfe für ihre geistlichen und seelischen Nöte zu verweigern.

Wenn Armut seelische und geistliche Ursachen hat, wird eine geistliche Erneuerung auch die soziale und wirtschaftliche Situation verändern. Wie Erfahrungen besonders aus der interkulturellen Mission zeigen, ist die Hinwendung zum Evangelium oft mit sozialem Aufstieg und wirtschaftlicher Entwicklung verbunden. Die direkten Ursachen dafür können veränderte Verhaltensmuster (Befreiung von Drogenkonsum, Spielsucht, Verantwortungs- und Antriebslosigkeit) und bereinigte Beziehungen zu anderen Menschen sein. Diese persönlichen Veränderungen werden Auswirkungen auf die Umgebung haben und zur Erneuerung von Beziehungen und verändertem Verhalten in der Gesellschaft führen. Die Veränderung des Einzelnen durch die Begegnung mit Jesus Christus ist also die Voraussetzung für eine Veränderung der Gesellschaft und unterstützt die Wirkung sozialer Dienste.

Orientierungspunkte

Angesichts der Spannung zwischen Diakonie und Verkündigung einerseits und ihrer engen Beziehungen zueinander andererseits sollen die folgenden Punkte eine Orientierungshilfe für die diakonische Gemeindearbeit geben.

Trotz der theologischen Auseinandersetzungen in der jüngeren Vergangenheit wird heute kaum noch bestritten, dass sowohl Verkündigung als auch Diakonie zum Auftrag der Gemeinde gehören und einander ergänzen müssen. In der internationalen Diskussion spricht man seit der Konsultation über das Verhältnis von Evangelisation und sozialer Verantwortung von Partnerschaft zwischen Evangelisation und sozialem Handeln. Diesem Verständnis stimmen heute auch viele deutschsprachige Theologen zu. Sie stehen damit im Erbe des Pietismus und der Erweckungsbewegung.
Der Dienst der Nächstenliebe entspricht dem Auftrag Jesu[59] und muss nicht erst durch Verkündigungselemente legitimiert werden. Diakonie wird damit als eigenständiger Teil des Auftrages der Gemeinde anerkannt und dient nicht nur als Mittel zur Unterstützung der Evangelisation.
Gleichzeitig gehört es zum Wesen von Diakonie, den ganzen Menschen mit seinen materiellen, sozialen und geistlichen Bedürfnissen im Blick zu haben. Diakonie ist deshalb keine stumme Nächstenliebe, sondern weist durch Tat und Wort auf den Gott der Liebe hin, der neues Leben geben will. Das Gebet und das Gespräch über den Glauben ist ein wichtiger Teil des diakonischen Dienstes.

In diesem Rahmen gibt es viele Möglichkeiten, den sozialen Dienst zu gestalten. Welche Form das Zeugnis von Jesus Christus in der Diakonie hat, hängt u. a. von der Zielgruppe und möglichen Kooperationspartnern ab.

4.3 Mitarbeiter und Partner

Eine zentrale Frage bei Überlegungen, ob und wie sich eine Gemeinde diakonisch engagieren kann, ist die nach den Mitarbeitern. Die Ressourcen sind begrenzt und in vielen Gemeinden scheinen schon alle Mitarbeiter Aufgaben zu haben oder fühlen sich sogar überlastet. „Wer soll denn das auch noch machen?“, wird gefragt. Eine Lösung könnte sein, gemeindefremde Personen zur Mitarbeit einzuladen oder mit anderen Einrichtungen und Initiativen zusammenzuarbeiten.

Dem steht jedoch die Befürchtung entgegen, dass durch die Mitarbeit von „Außenstehenden“ oder durch die Kooperation mit anderen Organisationen die Gemeinde die Kontrolle über ihr Projekt verlieren und das geistliche Anliegen der Diakonie verloren gehen könnte. Diese Gefahr ist nicht von der Hand zu weisen und lässt sich in vielen diakonischen Einrichtungen beobachten. Dadurch dass bei der Einstellung von Mitarbeitern vor allem auf die fachliche Qualifikation und weniger auf das geistliche Anliegen geachtet wird, ist der Bezug zur Gemeinde und zum christlichen Glauben in manchen Einrichtungen sehr schwach geworden. Eine andere Ursache für die Zurückhaltung gegenüber Kooperationen kann aber auch die Angst sein, den Erfolg der diakonischen Arbeit mit anderen Gemeinden oder gar säkularen Organisationen teilen zu müssen.

Formen der Zusammenarbeit

Neben der Durchführung diakonischer Arbeit als einem eigenen Projekt der Gemeinde, bei dem ausschließlich Gemeindeglieder mitarbeiten, sind verschiedene Formen der Zusammenarbeit denkbar. Dazu gehören die Mitarbeit von gemeindefremden Personen in einem Projekt der Gemeinde, die Kooperation der Gemeindediakonie mit anderen Organisationen (andere christliche Gemeinden, soziale Einrichtungen und Vereine, staatliche Stellen usw.) und die Mitarbeit von Gemeindegliedern in „fremden“ sozialen Projekten und Einrichtungen. Während im letzten Fall zu klären wäre, ob dies als Dienst der Gemeinde anzusehen oder Privatsache der jeweiligen Gemeindeglieder ist, stellen sich in den beiden anderen Fällen Fragen nach Möglichkeiten und Grenzen von Zusammenarbeit.

Möglichkeiten und Grenzen der Zusammenarbeit

Man kann sich dieser Frage von der theologischen oder der praktischen Seite her zuwenden. Ein theologisches Argument für die Zusammenarbeit mit anderen Akteuren ist der Gedanke der Missio Dei: Mission ist die Sache Gottes. Gott wirkt auf vielfältige Weise und ist nicht an die Gemeinde gebunden. Im

Blick auf Wicherns Konzept der diakonischen Verantwortung von Gemeinde, Staat und freien Werken sagt deshalb Wilfried Brandt:

> *„Durch das Wissen um die Weite der Diakonie Gottes werden die Verantwortlichen in den drei Bereichen der Diakonie bewahrt vor der Versuchung sich zu übernehmen; vor der Hybris, auf sie allein [...] käme alles an, sie allein müßten der Not der Menschen abhelfen.“*[60]

Die Erkenntnis der Größe Gottes kann also zur Zusammenarbeit mit Menschen und Einrichtungen, denen Notleidende am Herzen liegen, befreien. Andererseits geht es bei der Diakonie nicht nur um soziale Hilfe, sondern um einen ganzheitlichen Dienst an Leib, Seele und Geist. Die Mitarbeiter müssen daher auch selbst eine geistliche Erneuerung erlebt haben, um in der Lage zu sein, anderen ganzheitlich zu dienen. Das wird auch durch die Bilder vom Salz, Licht und Sauerteig deutlich. Es dabei geht nicht nur um auswechselbare Aktivitäten, sondern um das Wesen von Salz, Licht und Sauerteig, das wirksam wird.

Auf der praktischen Seite sprechen wichtige Gründe für eine Zusammenarbeit. Sie wirkt der Zersplitterung entgegen, es können Doppelungen vermieden und dadurch Ressourcen besser genutzt werden. Durch Ergänzung und Synergie-Effekte können Aufgaben bewältigt und Ziele erreicht werden, die allein unerreichbar wären. Dadurch werden einerseits die Gemeinde und einzelne Mitarbeiter entlastet und andererseits kann eine qualifiziertere Hilfe angeboten werden. In der Willow Creek Community Church sollen sich z. B. Mitarbeiter bewusst nur als ein Glied in der Kette der Hilfe verstehen und nicht auf alle Fragen und Bedürfnisse der Hilfesuchenden eine Antwort geben müssen. Sie sollen ihren Teil beitragen und bei darüber hinausgehenden Bedürfnissen an entsprechende Partner verweisen.

Durch Zusammenarbeit Kontakte aufbauen

Die Bereitschaft zur Kooperation kann auch eine Botschaft sein, die von den Menschen in der Umgebung der Gemeinde wahrgenommen wird. Die Zusammenarbeit von verschiedenen christlichen Gemeinden ist ein Zeichen der christlichen Einheit und unterstützt damit das Zeugnis von dem einen Gott. Den Menschen in der Umgebung der Gemeinde signalisiert die Bereitschaft zur Zusammenarbeit Offenheit und Wertschätzung. Durch die Zusammenarbeit zum Wohl des Ortes oder Stadtteils können Beziehungen zu einzelnen Personen und zu örtlichen Organisationen aufgebaut werden. Die meisten

Gemeinden haben nicht den Ruf, sich stark für die alltäglichen Nöte der Menschen ihres Ortes einzusetzen. Die Zusammenarbeit mit anderen Initiativen, Vereinen und Einrichtungen kann neue Beziehungen schaffen, die Gemeinde stärker in das Leben im Ort integrieren und Vorurteile abbauen. Dazu müssen allerdings Berührungsängste und Vorbehalte, auch gegenüber anderen Gemeinden, abgebaut und überwunden werden. Christian A. Schwarz fasst diese Spannung treffend zusammen:

> *„Genau das, was viele Christen abschreckt - mit Menschen zusammenzuarbeiten, die keine Christen sind -, wird von ihnen als ungeheure Chance begriffen, in einem Umfeld des gegenseitigen Vertrauens das Evangelium zu bezeugen."*[61]

Die Mitarbeit in einem gemeinnützigen Projekt kann ein Weg sein, auf dem gemeindefremde Personen erste Kontakte zur Gemeinde knüpfen und beginnen, sich mit dem christlichen Glauben auseinanderzusetzen. Auch bei der Berufung der Jünger Jesu stand nicht die Abwendung von der Sünde an erster Stelle, sondern der Ruf in die Nachfolge und zur Mitarbeit. Im Laufe ihres Dienstes lernten die Jünger Jesus kennen und verstanden immer mehr, was er für sie tat. Heute suchen viele Menschen nach einer sinnvollen Aufgabe und wollen an etwas beteiligt sein, das größer ist als das eigene Leben. Die Möglichkeit zur Mitarbeit kann daher attraktiver sein als die Teilnahme an Gemeindeveranstaltungen, die wenig Bezug zum Alltag haben. Gerade auch Menschen, die selbst Verletzungen und notvolle Situationen erlebt haben, können diese Erfahrungen im Dienst für andere einbringen und erfahren, wie Not und Schwächen im Dienst für andere zu Stärken werden. In unserer Gesellschaft kommen Erwachsene in der Regel im Laufe von langen Prozessen zum Glauben an Jesus. Oft verlaufen diese Prozesse nicht in der idealen Abfolge von Zum-Glauben-Kommen und dann Sich-der-Gemeinde-Anschließen. Häufig bekommen Menschen Kontakt zur Gemeinde, arbeiten mit und lernen dabei Christen kennen und wenden sich schließlich Jesus zu. Im englischen Sprachraum spricht man von „belong before believe". Sowohl in den USA und England als auch in Deutschland erleben Gemeinden, die sich der Nöte ihrer Umgebung annehmen, dass Menschen durch die Mitarbeit zur Gemeinde und zum Glauben finden.

Geistliche Anliegen bewahren

Trotz dieser Erfahrungen, die für die Zusammenarbeit mit gemeindefremden Organisationen und Personen sprechen, bleibt die Frage, wie das geistliche Anliegen der Diakonie bewahrt wird und verhindert werden kann, dass Gemeindediakonie sich zu einem rein sozialen Projekt entwickelt. Bei der Zusammenarbeit mit anderen Organisationen ist es wichtig, offen über die Ziele und Erwartungen zu sprechen und gemeinsame Anliegen zu finden, die die Partner verbinden. Man kann den Partner akzeptieren, ohne in allen Einzelheiten übereinzustimmen. Akzeptanz ist dabei aber nicht Gleichgültigkeit. Die Gemeinde muss sich ihres Anliegens sicher sein und es gegebenenfalls in Liebe, aber deutlich, vertreten. Bei Konflikten soll im Auge behalten werden, dass es nicht um das eigene Ansehen, sondern um den Dienst an Bedürftigen und darüber hinaus um Gottes Herrschaft geht. Darum wird in der Regel das Zeugnis von Christus in angemessener Form ein nicht aufgebbarer Aspekt von Diakonie sein.

Wenig problematisch scheint die Mitarbeit von einzelnen Personen zu sein, die dem christlichen Glauben eher fernstehen oder noch auf der Suche nach einer Beziehung zu Jesus sind. Solche Personen können an vielen Stellen praktisch mitarbeiten, ohne dass der christliche Charakter der Arbeit geschmälert wird. Für bestimmte Aufgaben sind allerdings Mitarbeiter mit einer lebendigen Beziehung zu Jesus Christus unumgänglich.

Insgesamt ermutigen die genannten Argumente und Erfahrungen dazu, bei diakonischen Projekten mit Partnern außerhalb der eigenen Gemeinde zusammenzuarbeiten. Die dabei entstehenden Kontakte werden sicherlich nicht immer konfliktfrei sein, tragen aber dazu bei, den Menschen im Umfeld der Gemeinde näherzukommen und auch von der nichtreligiösen Welt wahrgenommen zu werden.

4.4 Soziale und politische Diakonie

Dass Diakonie tätige Nächstenliebe ist, die sich den akuten Nöten zuwendet, ist weitgehend unbestritten. Darüber, ob und wie Diakonie auch politisch tätig werden soll, gibt es unter Christen jedoch große Meinungsverschiedenheiten. Diese Frage ist nicht neu, denn schon im 19. Jahrhundert gab es dazu unterschiedliche Sichtweisen. Während viele Vertreter der Erweckungsbewegung wie Wichern die vorhandene Gesellschaftsordnung erhalten wollten und politische Tätigkeit ablehnten, sahen andere Christen wie Adolf Stoecker und Friedrich Naumann die Notwendigkeit, politisch tätig zu werden. In den 70er Jahren des 20. Jahrhunderts entzündete sich die Ablehnung politischer Arbeit durch evangelikale Theologen am Antirassismus-Programm des Ökumeni-

schen Rats der Kirchen. Auch innerhalb der Lausanner Bewegung gab es in den 80er Jahren schwere Auseinandersetzungen über diese Frage.
Obwohl es immer noch Vorbehalte gegenüber gesellschaftspolitischem Engagement gibt, herrscht heute weite Übereinstimmung, dass die biblischen Anliegen „Barmherzigkeit“ und „Gerechtigkeit“ nicht zu trennen sind. Diakonie soll sich nicht nur den offensichtlichen Nöten zuwenden, sondern auch nach den persönlichen und gesellschaftlichen Ursachen dieser Nöte fragen und Möglichkeiten zu ihrer Behebung suchen. Ein aktuelles Beispiel für solches Engagement ist die Micha-Initiative der Evangelischen Allianz[62]. Die diakonische Gemeinde sollte für diejenigen ihre Stimme erheben, die sich selbst nicht zu Wort melden können. Damit wird sie politisch aktiv.

Ganzheitliches Heilsverständnis
Theologisch begründen kann man politisches Engagement damit, dass der Sündenfall nicht nur einzelne Menschen, sondern die ganze Schöpfung einschließlich der gesellschaftlichen Strukturen betrifft. Wenn Christen gesellschaftlich aktiv sind, drücken sie damit ihren Glauben aus, dass Christus schließlich die Erlösung der gesamten Schöpfung vollenden wird.

Während das Neue Testament Heil vor allem im Blick auf den einzelnen Menschen sieht, geht es im Alten Testament um den Frieden (Shalom) Gottes, der sich in gerechten Strukturen und Lebensbedingungen ausdrückt. Der Theologe Roland Hardmeier legt daher Wert darauf, sowohl das Neue Testament als auch das Alte Testament ernst zu nehmen und Heil ganzheitlich statt einseitig nur individualistisch oder nur gesellschaftlich zu verstehen:

> *„Ein politisch umgedeutetes Heilsverständnis, das sich darauf beschränkt zur Freiheit anzustiften, ohne auf die Bedingungen von Gehorsam und Glauben einzugehen, ist eine Verzerrung des biblischen Heilsverständnisses. Ein geistliches Heilsverständnis, das zu Umkehr und Glaube ruft, die soziale, gesellschaftliche und politische Wirklichkeit jedoch außer Acht lässt, trägt ein amputiertes Evangelium in die Welt hinaus und verdient das Prädikat ‚biblisch‘ ebenfalls nicht.“* [63]

Auch Jesus wies auf Unrechtsverhältnisse deutlich hin und war keineswegs politisch abstinent oder neutral. Ebenso wenig können Christen oder Gemeinden unpolitisch sein. Auch derjenige, der die Dinge laufen lässt, wie sie sind, hat damit eine politische Entscheidung zugunsten des momentanen Zustands getroffen.

In der Geschichte gibt es zahlreiche Beispiele von gesellschaftlichen Veränderungen, die von Christen angestoßen oder unterstützt wurden. Dazu gehören Reformen des Gefängnis- und Erziehungswesens im frühen Pietismus, Einflüsse des Methodismus auf die Arbeiterbewegung in England, die Abschaffung des Sklavenhandels, die Reform der Krankenpflege in Deutschland und die Abschaffung der Rassentrennung in den USA.

Formen politischen Engagements

Auch wenn politisches Engagement heute weitgehend als Teil des diakonischen Auftrags anerkannt ist, bleibt die Frage, wie und in welchem Rahmen politische Verantwortung durch die Gemeinde wahrgenommen werden kann. Eine Gemeinde kann dadurch politisch aktiv werden, dass sie ihre Mitglieder über politische Fragen informiert und ermutigt, entsprechende Entscheidungen zu treffen. Sie kann auch Kontakt zu den gewählten Volksvertretern aufnehmen oder sie kann direkt politisch aktiv werden.

Wenn sich Pastoren und Gemeindeleiter parteipolitisch engagieren oder einseitig zu politischen Fragen Stellung beziehen, kann dies Menschen, die andere politische Positionen vertreten, abstoßen und von der Gemeinde fernhalten. Dies kann verhindert werden, wenn diakonische Hilfeleistung und politische Einflussnahme durch unterschiedliche Strukturen verwirklicht werden. Mildtätige Aktivitäten, über die meist große Übereinstimmung herrscht, können direkt von der Gemeinde ausgeübt werden. Politische Anliegen, bei denen es auch unter Christen eher Meinungsunterschiede geben kann, würden dagegen besser von Gruppen oder Organisationen vertreten, die speziell zu diesem Zweck gebildet wurden. Im Blick auf die Erfahrungen von Wichern kommt der Dozent Frank Lüdke daher zu dem Schluss,

> *„dass eine echte Gesellschaftstransformation nicht machbar ist, wenn nicht auf die missionarisch-diakonischen Aktivitäten auch ein direkter politischer Einsatz folgt. […] Allerdings hat die Beschäftigung mit der Systemtheorie gezeigt, dass eine solche christlich getragene sozialpolitische Gesellschaftstransformation als eigenständiger zweiter Schritt betrachtet werden muss und nicht mit missionarischen Zielsetzungen vermischt werden darf.“*[64]

4.5 Diakonie und Öffentlichkeitsarbeit

Im Zusammenhang mit sozialem Handeln und Sponsoring wird oft dazu aufgefordert, „Gutes zu tun und davon zu reden".
Unternehmen nutzen soziales Engagement, um ihr Image zu verbessern und Kunden zu gewinnen bzw. zu halten. Dass auch christliche Gemeinden diese Möglichkeit nutzen möchten, ist naheliegend. Auf der einen Seite ist Diakonie eine elementare Wesensäußerung von Gemeinde und Teil ihres Auftrags. Andererseits hat die Kirche in unserer Gesellschaft in den vergangenen Jahrzehnten an Bedeutung verloren und sieht in diakonischen Projekten Chancen, auch für kirchenfremde Menschen relevante Dienste anzubieten. Wie bereits angesprochen können Gemeinden damit wichtige Aufgaben in ihrer Umgebung wahrnehmen und Brücken zu Menschen bauen, zu denen sie sonst keinen Kontakt hätten.
Aber kann Diakonie deshalb ein Mittel der Öffentlichkeitsarbeit sein?

Eine Aussage aus der Bergpredigt scheint auf den ersten Blick in die gleiche Richtung zu gehen wie das oben genannte Zitat: „So lasst euer Licht leuchten vor den Leuten, damit sie eure guten Werke sehen und euren Vater im Himmel preisen" (Mt 5,16). Einige Verse später sagt Jesus aber auch: „Wenn du aber Almosen gibst, so lass deine linke Hand nicht wissen, was die rechte tut" (Mt 6,3). Wie sind diese scheinbar widersprüchlichen Aussagen zu verstehen und wie gehen wir mit der Spannung zwischen Öffentlichkeitsarbeit und verborgener Wohltätigkeit um?

Ziel ist Gottes Lob

Beim genaueren Hinsehen zeigt sich, dass es in Matthäus 5,16 nicht darum geht, die Aktivitäten der Christen „ins rechte Licht zu rücken". Das Ziel ist vielmehr das Lob Gottes. So wie im Alten Testament durch das Volk Israel der Name Gottes verherrlicht werden sollte, wird dieser Auftrag jetzt auf die Nachfolger Jesu übertragen. Der Weg dahin sind nicht Worte oder öffentlichkeitswirksame Aktionen, sondern das Tun guter Werke. Das erneuerte Leben und Handeln der Gemeinde soll also sichtbar sein und auf Gott hinweisen.

Motivation zur Diakonie

Auf die Motivation zum diakonischen Handeln geht Jesus in Matthäus 6,1-4 ein. Dass für die Armen gesorgt werden soll, wird dabei vorausgesetzt und entsprach der jüdischen Praxis mit öffentlicher Armenfürsorge und privater Wohltätigkeit. Jesus greift hier das öffentliche Zurschaustellen der Wohltätigkeit an und nennt die, die solches tun, Heuchler (wörtlich: Schauspieler).

Während das griechische Wort für Almosen bedeutet, unter bereitwilliger Selbstopferung der Seele und dem Leib des Mitmenschen versuchen zu helfen, wird es hier als Mittel genutzt, um sich selbst ins rechte Licht zu rücken. Demgegenüber spricht Jesus davon, dass die linke Hand nicht wissen soll, was die rechte tut. Bonhoeffer versteht diese Aussage so, dass die Wohltätigkeit so selbstverständlich ausgeübt wird, dass sie nicht als etwas Außerordentliches wahrgenommen wird:

> *„So sieht der Nachfolgende immer nur seinen Herrn und folgt ihm. Sähe er das Außergewöhnliche selbst, so stünde er schon nicht mehr in der Nachfolge. Der Nachfolgende tut im schlichten Gehorsam den Willen des Herrn als das Außerordentliche und weiß in allem nur darum, daß er nicht anders kann, daß er also das schlechthin Selbstverständliche tut."*[65]

In beiden Aussagen wird die Motivation des Handelns angesprochen: Es geht um das Wohl des Nächsten und um Gottes Ehre. Auch Paulus mahnt mehrfach dazu, nicht den eigenen Vorteil zu suchen, sondern dem Nächsten zu dienen (Röm 15,2; 1. Kor 10,24; 13,5; Phil 2,4).

Selbstlos dienen

Im Gemeindeaufbau allgemein und in der diakonischen Arbeit im Besonderen muss es deshalb immer darum gehen, Menschen selbstlos und ohne Erwartungen zu dienen. Dies kann in der Hoffnung geschehen, dass Menschen dadurch zu Jesus finden und sich der Gemeinde anschließen, aber wir dürfen unseren Dienst nie dazu verwenden, Menschen zu manipulieren. Auch wenn das öffentliche Ansehen der Gemeinde und das Gewinnen von Mitgliedern nicht die Motivation und das direkte Ziel sind, können sie dadurch gefördert werden. Diakonische Arbeit als Köder oder Publicity-Maßnahme zu gebrauchen kann dagegen das Gegenteil bewirken und Menschen abstoßen.

Die Öffentlichkeit motivieren und prägen

Vor dem Hintergrund der betrachteten Bibelstellen und Erfahrungen ist also diakonische Arbeit als Maßnahme im Rahmen der Öffentlichkeitsarbeit abzulehnen. Trotzdem haben Berichte über diakonische Arbeit ihre Berechtigung. So wie Paulus gegenüber den Christen in Korinth vom überschwänglichen Einsatz der Gemeinden in Mazedonien für die von einer Hungersnot betroffene Jerusalemer Gemeinde spricht (2. Kor 8,1-6), können wahrheits- und sachgemäße Berichte dazu ermutigen, bestehende Arbeiten zu unterstützen oder neue Initiativen anzustoßen. Da Gemeinden durchaus auch eine gesellschaftliche Bedeutung haben, können sie durch ihre Öffentlichkeitsarbeit auch auf Missstände und Lösungsmöglichkeiten hinweisen und die öffentliche Meinung beeinflussen.

4.6 Wer sind unsere Nachbarn?

Auf den ersten Blick scheint es relativ leicht zu sein, diese Frage zu beantworten. Man könnte die Menschen im 1-km-Radius um das Gemeindezentrum anhand ihres Alters, Familienstandes, Einkommens, ihrer Nationalität usw. charakterisieren und hätte damit die Frage beantwortet. Aber ist diese Grenze wirklich entscheidend? Welche Menschen gehören darüber hinaus zu unserem Umfeld und welche Personen nehmen wir gar nicht wahr oder vermeiden den Kontakt zu ihnen? Auch in diesem Buch wird zunächst vom geografischen Umfeld der Gemeinde ausgegangen, aber unsere Nachbarn könnten auch anders definiert werden.

Jesus gibt eine überraschende Antwort

Diese Frage beschäftigte schon die Menschen zur Zeit Jesu. Die Geschichte vom barmherzigen Samariter (Lk 10,29-37) wird ausgelöst durch diese Frage: „Wer ist denn mein Nächster?" Jesus beantwortet diese Frage auf überraschende Weise. Zum einen, indem in seiner Antwort die Grenzen von Familie, Nachbarschaft und Nationalität überwunden werden und der Angehörige des verfeindeten Nachbarvolks zum Nächsten wird. Zum anderen dreht Jesus die Frage herum und nennt keine Grenze für unseren Verantwortungsbereich, sondern fragt uns, für wen wir bereit sind, Nächster zu werden.
Vor diesem Hintergrund wird die Weite des Auftrags der Gemeinde deutlich und zugleich die Gefahr, unseren Auftrag engstirnig zu reduzieren. Es kann naheliegen, nur die Menschen in unserer unmittelbaren Umgebung, deren Lebensstil und kultureller Hintergrund uns einigermaßen vertraut sind, im Blick zu haben. Aber auch das andere Extrem ist möglich: Wir engagieren uns für Kinder in Indien oder Afrika und vergessen, dass es auch in unserem Ort Menschen gibt, die Not leiden. Es kann leichter sein, durch eine Geldspende Menschen zu helfen, die Tausende Kilometer entfernt leben, als sich um Menschen zu kümmern, die nur wenige Straßen weiter wohnen.

Die Breite der Nöte im Blick haben

Für eine Gemeinde, die offen nach ihrem Auftrag fragt, ist es deshalb wichtig, die ganze Breite der Nöte und Herausforderungen im Blick zu haben.

Dazu gehören:
- Menschen in unserer unmittelbaren Umgebung
- Menschen, die in unserer Nähe leben, aber einem anderen Milieu oder einer anderen Kultur angehören
- Menschen in einem anderen Ort oder einem Stadtteil mit ungünstigen Lebensbedingungen
- Menschen in der Zweidrittel-Welt.

Es gibt verschiedene Möglichkeiten auf diese Nöte einzugehen. Neben Projekten in der direkten Nachbarschaft kann die Gemeinde eine Initiative in einem anderen Ort oder Stadtteil beginnen oder eine bestehende Arbeit regelmäßig oder durch sporadische Hilfseinsätze unterstützen. Diakonische Projekte im Ausland können durch Spenden, Patenschaften oder Auslandseinsätze unterstützt werden.

Die Willow Creek Community Church in Chicago hat diesen weiten Blick und engagiert sich in den verschiedenen Bereichen durch Gemeindediakonie in ihrer Umgebung, durch Netzwerkdiakonie gemeinsam mit anderen Partnern und durch weltweite Diakonie. In den USA, wo die sozialen Bedingungen in den heruntergekommenen Innenstädten und in den reichen Vororten extrem auseinanderklaffen, kooperieren Gemeinden in den Vororten mit solchen in den Innenstädten und unterstützen deren diakonische Projekte finanziell und durch Mitarbeiter. Ähnliche Partnerschaften könnten auch in Deutschland die diakonische Arbeit in strukturschwachen und wirtschaftlich benachteiligten Gebieten und Stadtteilen ermöglichen.

5. Diakonische Ansätze aus anderen Ländern

Wie in Kapitel 3 gezeigt, erkennen die in Deutschland verbreiteten Ansätze zur Gemeindeentwicklung die wichtige Bedeutung von Diakonie an. Es gibt im deutschsprachigen Raum aber kaum methodische Hinweise, die Gemeinden helfen, sich mit diesem Thema zu beschäftigen. In Großbritannien und den Vereinigten Staaten, wo das diakonische Engagement von christlichen Gemeinden größere Bedeutung hat, werden dagegen seit einigen Jahren solche Methoden entwickelt. Einige dieser Programme sollen hier vorgestellt werden. Die vorgestellten Programme können auch Gemeinden im deutschsprachigen Raum, die sich mit ihrem diakonischen Auftrag beschäftigen, wertvolle Anregungen geben. Diese Anregungen werden dann in Kapitel 6 erläutert.

5.1 Church Community and Change

Das Programm „Church, Community and Change“ (CCC) wurde von Tearfund, der Hilfsorganisation der Evangelischen Allianz in Großbritannien entwickelt. Tearfund arbeitet seit 1968 in z. Zt. über 70 Ländern. In der Zweidrittel-Welt sind es oft christliche Gemeinden, die Verantwortung für die Menschen in ihrer Umgebung ganzheitlich wahrnehmen.[66] Diese Erfahrungen aus Afrika, Asien und Lateinamerika werden durch CCC auch in England nutzbar gemacht.

In den 90er Jahren hatte Tearfund für Gemeinden, die sich sozial engagieren wollten, zunächst einen „Toolkit“ entwickelt. Daraus entstand 2001 das Programm „Church, Community and Change“. Das Ziel von CCC ist es, christlichen Gemeinden zu helfen, Bedürfnisse in ihrer Umgebung zu erkennen und darauf einzugehen. Es hat einen genau geplanten Ablauf mit methodischen Hinweisen, der aber auch an die besondere Situation der jeweiligen Gemeinde angepasst werden kann. Gemeinden, die das CCC-Programm durchführen möchten, gehen eine Vereinbarung mit Tearfund ein und beteiligen sich mit mindestens 200 £ an den Kosten. Tearfund stellt dafür einen externen Moderator, Arbeitsmaterial für das Koordinations-Team und bei Bedarf Beratung per Telefon zur Verfügung. Zum Arbeitsmaterial gehören ein Handbuch für den Koordinator, ein Buch über Methoden zur Motivation der Gemeinde und zum Sammeln und Auswerten von Informationen über das Umfeld sowie ein

Buch mit Hinweisen zur Umsetzung von diakonischen Projekten.[67] Das Material ist ebenfalls auf einer CD-ROM verfügbar.

Der CCC-Prozess dauert in der Regel 10 bis 24 Monate und bezieht die gesamte Gemeinde ein. Wie in der Tabelle dargestellt ist der Ablauf in zwei Phasen mit verschiedenen Treffen und Workshops gegliedert. Die Aktivitäten werden vom externen Moderator gemeinsam mit dem Koordinations-Team der Gemeinde vorbereitet. Am Ende des Prozesses steht ein Aktionsplan mit Aktivitäten, durch die sich die Gemeinde den Menschen in ihrer Umgebung zuwenden kann. Wichtig für CCC ist die geistliche Seite des Prozesses. Dazu gehört, dass die verschiedenen Aktivitäten vom Gebet der gesamten Gemeinde begleitet werden und bei Entscheidungsprozessen Wert darauf gelegt wird, auf Gottes Führung zu hören.

Ablauf des Programms Church, Community and Change[68]

Ereignis	**Beteiligte**	**Aktivitäten**
Vorbereitungstreffen	Koordinations-Team, externer Moderator	Kennenlernen des Moderators, Verstehen des CCC-Prozesses, Planung des Start-Workshops
Phase 1: Motivation der Gemeinde und bewusstes Wahrnehmen der Umgebung		
Start-Workshop	Koordinations-Team, externer Moderator, gesamte Gemeinde	Prozess erklären, Koordinations-Team und externen Moderator vorstellen, Fragen klären
Planungstreffen für „Kontaktaufnahme“	Koordinations-Team, externer Moderator	Auswertung des Start-Workshops, Entscheidung über Ansätze und Planung des Programms für die „Kontaktaufnahme“-Phase

„Kontaktaufnahme“-Aktivitäten	Koordinations-Team mit verschiedenen Gemeindegruppen	Motivieren der Gemeinde, sich für ihre Umgebung zu öffnen (Bibelarbeiten, Zeit für Gebet und Hören auf Gott, Gruppenaktivitäten, Schulung u. a.)
„Umgebung wahrnehmen“-Workshop	Koordinations-Team, externer Moderator, gesamte Gemeinde	Motivieren zum vorurteilsfreien Hören, Methoden zum Sammeln von Informationen vorstellen und üben
Koordination des Wahrnehmungsprozesses	Koordinations-Team	Kontaktaufnahme und Sammeln von Informationen
Zusätzlicher Schulungs-Workshop	Koordinations-Team, externer Moderator, gesamte Gemeinde	Weitere nötige Fertigkeiten einüben, aufgetretene Fragen bearbeiten oder gesammelte Informationen diskutieren
Interne Evaluierung	Koordinations-Team, gesamte Gemeinde	Rückmeldung der Gemeindeglieder über die erfolgten Aktivitäten, Beobachtung von Veränderungen
Phase 2: Planung von Aktivitäten		
Workshop zur Entscheidungsfindung	Koordinations-Team, externer Moderator, gesamte Gemeinde	Ergebnisse der Bestandsaufnahme vorstellen, Ideen für mögliche Aktivitäten sammeln, Prioritäten festlegen

Ergebnisse bearbeiten	Koordinations-Team	Ergebnisse zusammenfassen, weitere Informationen sammeln, Vorschlag für Aktivitäten erstellen und prüfen
Planungstreffen	Koordinations-Team (und zusätzliche Personen)	Umsetzung der Aktivitäten planen und nötige Unterstützung klären, weitere Beziehung zwischen der Gemeinde und Tearfund klären
Rückblick- und Dank-Treffen	Koordinations-Team, externer Moderator, gesamte Gemeinde	Gemeindeglieder über die Entwicklungen informieren, Dank für das Erreichte, Beauftragung und Gebet für die neue Initiative
Phase 3: Umsetzung der geplanten Initiativen (diese Phase gehört nicht mehr zum eigentlichen CCC-Prozess)		

Nachteile von CCC sind sicherlich, dass die gesamte Gemeinde bereit sein muss sich daran zu beteiligen, dass der Prozess sehr lange dauern kann (bis zu zwei Jahren) und daher große Ausdauer erfordert und das Vorgehen teilweise zu theoretisch ist. Um diese Nachteile zu umgehen, entwickelte Tearfund das Programm „Discovery“.

5.2 Discovery

Aufgrund der Erfahrungen mit „Church, Community and Change“ wurde von Tearfund 2004 das Programm „Discovery” entwickelt, das die gleichen Ziele hat, jedoch auf eine kürzere Zeitdauer angelegt und weniger theoretisch ist als CCC. Discovery wird ebenfalls von einem externen Moderator geleitet. Es wird aber nicht mit der gesamten Gemeinde, sondern einer Kerngruppe von zehn bis zwölf Personen durchgeführt. Diese Gruppe trifft sich über einen Zeitraum von sechs Monaten mindestens einmal monatlich für ca. zwei Stunden. Die Treffen haben folgende Schwerpunkte:

1. Wir feiern, wer wir sind und was in unserem Ort Gutes geschieht.
2. Wir lernen unsere Umgebung besser verstehen.
3. Wir untersuchen konkrete Bedürfnisse, auf die wir eingehen könnten.
4. Wir träumen davon, was wir tun und verändern könnten.
5. Wir planen, was getan werden kann.
6. Wir treffen die Vorbereitungen, um es zu tun.

Es wird Wert darauf gelegt, dass die Gemeindeleitung und die gesamte Gemeinde hinter dem Vorhaben stehen und regelmäßig informiert werden. Am Ende des Discovery-Prozesses steht die Planung von konkreten Aktivitäten für den Ort. Discovery wird in formellen Partnerschaften zwischen Tearfund und Partnerorganisationen durchgeführt. Für die Moderatoren des Prozesses bietet Tearfund zweitägige Schulungsseminare an.

5.3 Express Community

Von den Erfahrungen von Tearfund mit „Church, Community and Change" zehrt auch das von Phil Bowyer, dem Jugendkoordinator von Tearfund, 2004 als Buch herausgebrachte Programm „Express Community".[69] Es wurde speziell für Jugendkreise, junge Erwachsene und Studentengruppen entwickelt und ist auch für Hauskreise geeignet.
Anders als CCC und Discovery ist „Express Community" als Buch im Buchhandel erhältlich und kann ohne geschulten Moderator durchgeführt werden. Dazu gibt es ausführliche Hinweise, Gestaltungstipps und Methoden für die einzelnen Treffen. Neben Gruppenaktivitäten gehören zu jeder Einheit auch biblische Impulse und Zeit zum Gebet. Es geht dabei bewusst auch um eine Veränderung der persönlichen Einstellung und des Verhaltens der Teilnehmer. Wie bei den anderen Programmen ist das Ergebnis der Gruppenarbeit grundsätzlich offen. Die Teilnehmer können danach eigene Initiativen und Aktivitäten beginnen oder bestehende soziale und diakonische Arbeiten unterstützen.

5.4 Social Action Journey

Die schon im 19. Jahrhundert in England gegründete Shaftesbury Society setzte sich dafür ein, dass christliche Gemeinden ihre soziale Verantwortung wahrnahmen. 2007 schloss sie sich mit dem sozialen Verein „John Grooms" zusammen und firmiert jetzt unter dem Namen „Livability". Gemeinsam mit dem christlichen Hilfswerk Tearfund setzt sich Livability für „Community Mission"[70] ein und bietet Gemeinden, die sich mit ihrem diakonischen Auftrag beschäftigen, Schulungsmöglichkeiten und Material für die Gemeindearbeit. Dazu gehört auch das Discovery-Programm.

Material von Schulungskursen der Shaftesbury Society sind weiterhin im Internet verfügbar. Als Leitfaden für den gesamten Prozess für das Engagement christlicher Gemeinden im Gemeinwesen dient die „Social Action Journey". Es gliedert diesen Prozess in folgende Phasen:
Phase 1: Vorbereitung zum Handeln
Phase 2: Kontaktaufnahme und Erforschen der Bedürfnisse
Phase 3: Mögliche Aktivitäten erkunden
Phase 4: Projektplanung
Phase 5: Projektmanagement[71]

Für verschiedene dieser Phasen gibt es weiteres Material. Für die erste Phase eignet sich das Bibelstudiumprogramm „Why Social Action?". Es ist für vier wöchentliche Treffen konzipiert und bearbeitet den Auftrag, sich gegen Armut und für Gerechtigkeit einzusetzen. Neben Bibelstudium und Gespräch gibt es Anregungen zum persönlichen Handeln.[72] Ebenfalls in dieser Phase kann „Engaging our Communities" eingesetzt werden. Es ist eine Einführung zum diakonischen Auftrag von Gemeinden und läuft über drei Sitzungen. Dabei wird ein Überblick über den ganzen Prozess mit den Schwerpunkten Motivation, Sammeln von Informationen und Projektmodellen gegeben.[73]
Zur zweiten Phase gehört „Getting to Know Your Neighbours".[74] Dieses Programm wurde für christliche Gruppen entwickelt, die ihr Umfeld bewusst wahrnehmen wollen, um diakonische Initiativen zu entwickeln, oder eine laufende Arbeit neu ausrichten möchten. Das Programm gibt eine Richtschnur für den Ablauf, die viel Wert auf die Klärung der Motivation legt, und stellt 32 Methoden zur Erhebung von Daten vor (siehe Kapitel 7).

Ein wichtiger Ansatz beim Sammeln von Informationen ist das Informationsdreieck (Information Triangle). Es weist auf drei Arten von Informationsquellen hin, die gleichermaßen genutzt werden sollten: bereits vorhandene Statistiken und Studien, Einzelpersonen und Gruppen im Ort oder Stadtteil und andere Einrichtungen und Organisationen, die in diesem Bereich arbeiten.[75]
Obwohl das Material und die vorgestellten Methoden auch von Organisatio-

nen ohne christlichen Hintergrund genutzt werden könnten, spielen die Bibel, Gebet und die Abhängigkeit von Gott eine wichtige Rolle im Programm der Shaftesbury Society. Dies drückt sich im Zyklus von Gebet, Aktion und Reflexion aus, der alle Aktivitäten begleiten soll.

5.5 Denk- und Planungsrahmen für diakonisches Handeln

Einen ganz anderen Ansatz als die oben beschriebenen Programme aus Großbritannien schlagen Moffitt und Tesch vor. Der Amerikaner Bob Moffitt ist der Gründer von „Harvest Foundation“, einer Organisation, die sich mit ganzheitlichen Projekten in der Zweidrittel-Welt engagiert.[76] Statt einem schrittweisen Programm zu diakonischem Einsatz der Gemeinde schlägt er Denk- und Planungsrahmen für Aktivitäten von einzelnen Christen, begrenzte Kleinprojekte und langfristiges Engagement vor. Er begründet seinen ganzheitlichen Ansatz mit Lukas 2,52: „Und Jesus nahm zu an Weisheit, Alter und Gnade bei Gott und den Menschen.“ Ganzheitlicher Dienst sollte daher auf die Förderung von Lernen (besonders von Gottes Geboten), materieller Entwicklung, geistlichem Leben und sozialen Beziehungen zielen.[77] Diese grundsätzlichen Ziele sollen die Grundlage für Bemühungen von einzelnen Christen und der gesamten Gemeinde sein. Zur Arbeit an diesen Zielen stellen Moffitt und Tesch drei Werkzeuge vor.

Disziplin der Liebe

Die Disziplin der Liebe ist ein Denk- und Planungsrahmen, um auf der persönlichen Ebene anderen Menschen ganzheitlich zu dienen. Es regt dazu an, im Kontext von Familie, Gemeinde und Nachbarschaft oder Ort die ganzheitlichen Bedürfnisse der Mitmenschen wahrzunehmen und sich konkrete Ziele zu setzen, wie man persönlich auf diese Bedürfnisse eingehen möchte (ausführlichere Beschreibung in Kapitel 7.14).

Schnupperprojekte

Eine Möglichkeit für Gemeinden, sich mit ihrem ganzheitlichen Auftrag konkret auseinanderzusetzen, sind Schnupperprojekte („seed projects“). Diese Projekte sind einfache, überschaubare Aktivitäten, die eine Gemeinde mit eigenen Mitteln durchführen kann, um Menschen, die nicht zur Gemeinde gehören, Gottes Liebe auf praktische Weise nahezubringen. Auch diese Projekte verfolgen einen ganzheitlichen Ansatz und zielen auf die aus Lukas 2,52

abgeleiteten Bereiche. Moffitt und Tesch nennen die folgenden Charakteristiken für solche Projekte:
- Sie sind eingehüllt in Gebet.
- Sie sind barmherzig und werden nicht zur Manipulation genutzt.
- Sie sind motiviert von Gottes guten Absichten.
- Sie sind gründlich geplant.
- Sie sind einfach und überschaubar.
- Sie werden mit eigenen Mitteln durchgeführt.
- Sie richten sich an Menschen, die nicht zur Gemeinde gehören.
- Sie beziehen die Zielgruppe aktiv ein.
- Soweit angemessen haben sie geistliche Wirkung.
- Sie werden anhand der Werte von Gottes Reich ausgewertet.

Die Schnupperprojekte ermöglichen es der Gemeinde, aktiv zu werden und in einem überschaubaren Rahmen Erfahrungen mit dem ganzheitlichen Dienst zu sammeln. Dabei werden die gleichen Kriterien erfüllt, die langfristigeren Projekten zugrunde liegen sollten.

Fenster der ganzheitlichen Diakonie

Als Hilfsmittel für die Planung und Auswertung der langfristigen Arbeit von Gemeinden schlagen Moffitt und Tesch das „Fenster für Visionen" vor. Sie sprechen von der Gemeinde als einem Fenster, durch das die Menschen erkennen können, dass Gott für alle Lebensbereiche sorgt. Wenn man sich ein Fenster mit einem Fensterkreuz vorstellt, sieht man vier Bereiche vor sich, die den oben genannten Anliegen (intellektuelle und materielle Entwicklung, geistliches Leben, soziale Beziehungen) entsprechen. Das Modell des Fensters hilft, diese Aspekte ganzheitlichen Dienstes gleichzeitig im Auge zu behalten.

Dabei kommt es nach Moffitt auf Integration und Balance an. Integration bedeutet in allen Projekten trotz ihrer unterschiedlichen Schwerpunkte soweit wie möglich auch die anderen Aspekte als sekundäre Ziele zu integrieren. Bei der Balance geht es darum, dass sich Gemeinden gleichzeitig in Projekten mit unterschiedlichen Schwerpunkten etwa im medizinischen Bereich und auch für Evangelisation engagieren.

Das Fenstermodell kann bei der Planung von Aktivitäten, bei der Durchführung und auch bei der Auswertung genutzt werden. Als einfaches Hilfsmittel für die Überwachung und Evaluierung der ganzheitlichen Aktivitäten nennen Moffitt und Tesch ein Tagebuch, in dem wöchentlich Aktivitäten, Erfolge und

Misserfolge notiert werden und dabei auf die vier Ziele aus Lukas 2,52 eingegangen wird. Aus den wöchentlichen Aufzeichnungen können dann Monats- und Jahresberichte erstellt werden.

intellektuelle Entwicklung	*geistliches Leben*
materielle Entwicklung	*soziale Beziehungen*

Insgesamt ist das von Moffitt und Tesch dargestellte Vorgehen weniger strukturiert, bietet aber die Möglichkeit, auf flexible Weise aktiv zu werden und die Breite des ganzheitlichen Dienstes im Auge zu behalten.

6. Schritte zur diakonischen Gemeinde

Die im vorigen Kapitel vorgestellten Programme können auch Gemeinden im deutschsprachigen Raum, die sich mit ihrem diakonischen Auftrag beschäftigen, wertvolle Anregungen geben. In diesem Kapitel soll dargestellt werden, wie diese Anregungen in unserem Kontext umgesetzt werden können.

Die Situation, in der sich eine Gemeinde mit der Frage nach diakonischem Engagement auseinandersetzt, kann sehr verschieden sein. Das betrifft sowohl innere Faktoren wie die Dienste und Mitarbeiterstruktur der Gemeinde und den Anlass, sich mit Diakonie zu beschäftigen, als auch äußere Faktoren wie das soziale und wirtschaftliche Umfeld der Gemeinde und die Tätigkeit anderer karitativer Organisationen. Im Folgenden wird kein starres Programm vorgestellt, sondern Hinweise und Bausteine, die je nach den örtlichen Bedürfnissen und Möglichkeiten unterschiedlich eingesetzt werden können.

6.1 Ein möglicher Ablauf

Wie oben dargestellt soll bei „Church, Community and Change“ von Anfang an die gesamte Gemeinde einbezogen werden, während in anderen Programmen zunächst eine Projektgruppe gebildet wird. Es ist sicherlich wünschenswert, dass alle Gemeindeglieder einbezogen sind und sich mit dem diakonischen Auftrag der Gemeinde auseinandersetzen. Wo dies möglich ist, kann man dem Ablauf von „Church, Community and Change“ (siehe Kapitel 5.1) als Leitlinie für die Beschäftigung mit dem Thema folgen. Wenn in der Gemeinde allerdings kein breites Interesse an Diakonie vorhanden ist, kann sich eine Projektgruppe mit diesem Auftrag beschäftigen und die Ergebnisse der Gemeinde vorstellen.

Die folgenden Schritte gehen von der Arbeit mit einer Projektgruppe aus. Die Gruppe sollte neben dem sozialen Anliegen auch die geistliche Motivation stärken. Dazu können neben den speziellen Aktivitäten in den Gruppentreffen biblische Impulse zum Thema und Zeit zum Gebet dienen. Bibelstellen zu den Themen Armut, Gerechtigkeit und Diakonie sind im Anhang dieses

Buches zusammengestellt. Hinweise zu Methoden, die bei den verschiedenen Schritten genutzt werden können, gibt das folgende Kapitel.

Bei der Vorbereitung von diakonischen Initiativen geht es vor allem um die bewusste Wahrnehmung von Bedürfnissen. Dieses genaue Hinsehen zeichnete schon Johann Hinrich Wichern aus, der Nöte aufspürte, die andere gar nicht sahen. Wir müssen also genau hinblicken um zu sehen, welche Nöte es in unserer Umgebung gibt und welche Möglichkeiten Gott uns gegeben hat darauf einzugehen. Für die folgenden Schritte wurden deshalb Begriffe gewählt, die mit „blicken" zu tun haben: Einblick, Ausblick, Überblick, Tiefblick.

1. Schritt: Bildung der Projektgruppe
Die Projektgruppe trifft sich und bespricht den geplanten Ablauf und die Gestaltung der Treffen. Man einigt sich über den zeitlichen Rahmen der einzelnen Treffen und die voraussichtliche Dauer des Vorhabens. Die Gemeindeleitung wird über die Bildung der Gruppe und ihr Anliegen informiert.

2. Schritt: Einblick - **Die Gemeinde verstehen**
In der Projektgruppe und im Gespräch mit anderen Gemeindegliedern und Außenstehenden wird geklärt, was die Gemeinde charakterisiert, welche Potenziale und Hindernisse es für diakonisches Engagement gibt und was der Heilige Geist in und durch die Gemeinde bereits tut. Dabei werden auch andere Gemeindeglieder, Hauskreise und Gruppen einbezogen. Die Informationen aus dem 2. Schritt werden in einem übersichtlichen Dokument zusammengefasst um darzustellen, wie die Gemeinde geprägt ist und wie Gott sie gebraucht. Die Gemeindeleitung bekommt eine Kopie dieses Dokuments und wird gebeten, dazu Stellung zu nehmen.

3. Schritt: Ausblick - **Die Umgebung bewusst wahrnehmen**
Die Projektgruppe sammelt Informationen über den Ort bzw. Stadtteil. Dabei werden vorhandene Informationsquellen wie Stadtpläne, Statistiken und Studien genutzt und das Gespräch mit Mitbürgern, Kommunalpolitikern, Pfarrern und anderen religiösen Leitern und Mitarbeitern von Einrichtungen und Vereinen gesucht.

4. Schritt: Überblick - **Informationen auswerten und Ergebnisse vorstellen**
Die Projektgruppe fasst die gesammelten Informationen zusammen und nimmt sich Zeit zum Gebet, um die Situation sachlich und geistlich zu beurteilen. Die Gemeindeleitung wird über die Ergebnisse informiert. Die Er-

gebnisse der Projektgruppe werden in einem Workshop möglichst vielen Gemeindegliedern vorgestellt. Gemeinsam wird gebetet und überlegt, welche Bereiche Priorität für das Engagement der Gemeinde haben sollten.

5. Schritt: Tiefblick - **Sammeln von Detailinformationen und Planen von diakonischen Aktivitäten**

Nachdem die Prioritäten festgelegt wurden, kann die Projektgruppe gezielt Informationen über die Problembereiche sammeln und gemeinsam mit Betroffenen nach Lösungen suchen. Dabei muss auch geprüft werden, ob die Gemeinde die nötigen Ressourcen hat bzw. mit welchen Partnern zusammengearbeitet werden kann. Aufgrund dieser Informationen werden konkrete diakonische Aktivitäten geplant und mit der Gemeindeleitung abgesprochen. Die geplanten Aktivitäten werden im Gottesdienst vorgestellt und um Unterstützung durch die Gemeindeglieder gebeten. Es wird entschieden, ob die Projektgruppe weiter bestehen soll.

6. Schritt: Durchführung der diakonischen Aktivitäten

Die im vorherigen Schritt geplanten Aktivitäten werden jetzt durchgeführt. Dies kann auf unterschiedliche Weise geschehen: durch die Beauftragung Einzelner für diakonische Aufgaben, durch Veränderung von bestehenden Programmen, um den Bedürfnissen besser gerecht zu werden, durch Zusammenarbeit mit anderen Initiativen oder Einrichtungen oder durch den Aufbau eines neuen Arbeitszweiges durch die Gemeinde.

6.2 Vorbehalte überwinden und die Gemeinde motivieren

Damit eine Gemeinde neue Schritte wagt, sind Anstöße nötig, die sie in Bewegung setzen. Solche Impulse für diakonisches Handeln können von neuen Einsichten beim Bibellesen, von Beispielen anderer Gemeinden oder von Einschnitten im Gemeindealltag ausgehen. Letztere sind z. B. Jubiläen, der Umzug in ein neues Gebäude, Mitgliederschwund, Erfahrungen des Verlusts an Relevanz oder eine Existenzkrise der Gemeinde. Diese Anlässe und Erfahrungen stellen die Frage, ob es so weitergehen kann wie bisher oder ob die Gemeinde ganz neu ihren Auftrag und ihre entsprechenden Aktivitäten überprüfen muss. Je nachdem was den Anstoß gibt, sich mit dem diakonischen Auftrag der Gemeinde zu befassen, kann auch die Bereitschaft der

Gemeindeglieder, sich darauf einzulassen, sehr unterschiedlich sein. Für die meisten Gemeinden geht es dabei um eine Neuausrichtung, mit der Veränderungsprozesse verbunden sind. Dadurch wird Gewohntes infrage gestellt und Ängste können ausgelöst werden. Ohne motivierende Anreize werden sich die wenigsten Gemeinden auf diese Veränderungen einlassen.

Vorbehalte ernst nehmen

Bei der Beschäftigung mit diakonischen Aufgaben können ganz unterschiedliche Ängste und Befürchtungen aufkommen. Neben einer allgemeinen Abneigung gegenüber Veränderungen können theologische Vorbehalte, die Angst vor Überforderung und Unsicherheit wegen der erwarteten Begegnung mit Menschen aus anderen sozialen Milieus dazu beitragen, dem diakonischen Auftrag gegenüber kritisch zu sein.

Viele ältere Christen wurden von einer Einstellung geistlich geprägt, die die Trennung von der Welt betonte. Sie haben die Ermahnungen verinnerlicht „nicht im Rat der Gottlosen zu wandeln“ (Ps 1,1) und nicht am „fremden Joch mit den Ungläubigen zu ziehen“ (2. Kor 6,14). Dies kann ihnen die Zuwendung zu Menschen außerhalb der Gemeinde und die Zusammenarbeit mit säkularen sozialen Einrichtungen erschweren. Auch die Befürchtung, dass Diakonie den evangelistischen Auftrag verdrängt, kann ein konkreter theologischer Vorbehalt sein.[78] Durch Predigten, in Bibelstunden und Hauskreisen sowie im persönlichen Gespräch müssen diese Vorbehalte aufgegriffen und der diakonische Auftrag biblisch begründet werden.

Gerade in kleineren Gemeinden, in denen die meisten Mitglieder aktiv mitarbeiten, kann die Angst vor Überforderung ein konkretes Hindernis für diakonisches Engagement sein. Der Anstoß, sich mit dem Thema Diakonie zu beschäftigen, wird dann als Forderung nach noch mehr Einsatz verstanden. Diese Angst kann ernst genommen werden, indem nicht sofort neue Projekte vorgestellt werden, sondern zunächst wahrgenommen wird, welche diakonischen Aktivitäten es in der Gemeinde bereits gibt und mit welchen bestehenden Initiativen eine Zusammenarbeit möglich wäre. In der Gemeindediakonie können auch gerade Mitglieder, deren Begabungen bisher weniger gefragt waren, oder Personen, die am Rand der Gemeinde stehen, wertvolle Aufgaben wahrnehmen.

Ein weiteres Hindernis kann die Unsicherheit gegenüber Menschen mit anderer Prägung und fremdem Lebensstil sein. Die Mitglieder christlicher Gemeinden gehören zumeist zu einer engen Spanne von sozialen Milieus (vor allem Traditionsverwurzelte, Konservative, bürgerliche Mitte). Obwohl man eigentlich für alle Menschen offen sein möchte, können der Lebensstil und die Ausdrucks- und Verhaltensweisen von Menschen aus anderen Milieus und Kulturen fremd und unverständlich sein und unbewusst abgelehnt werden. Um Fremde akzeptieren und wertschätzen zu können, muss der Unterschied zwischen einer von christlichen Werten geprägten Lebensweise und dem vom sozialen Milieu übernommenen Lebensstil bewusst gemacht werden. Auch wenn dies geschieht, können trotzdem Ängste und Vorbehalte vor dem Ungewohnten bleiben, die überwunden werden müssen.

Den Auftrag neu entdecken

Die Bereitschaft, neue Aufgaben anzupacken, sich für Menschen aus anderen Milieus zu öffnen und auf ihre Bedürfnisse einzugehen, setzt eine Neubesinnung und einen Veränderungsprozess voraus, bei dem gewohnte Denkmuster infrage gestellt werden. Um für diese Veränderungen offen zu werden und eine Orientierung für das Miteinander und den Dienst der Gemeinde zu haben, ist es nötig, das Verständnis für den Auftrag von Gemeinde bewusst wahrzunehmen. Die Lehre über den Auftrag der Gemeinde und biblische Texte zur Diakonie sind eine wichtige Voraussetzung, damit die Gemeindeglieder den diakonischen Auftrag in den Blick bekommen. Hinweise dazu finden sich in Kapitel 1 sowie in der Liste mit Bibelstellen im Anhang. Manchmal ist die Frage nach dem Auftrag der Gemeinde auch direkt der Auslöser für diakonisches Handeln. Der Auftrag und die Ziele einer Gemeinde können in einem Leitbildprozess entwickelt werden, auf den hier nicht im Detail eingegangen werden kann. Ein Hilfsmittel dazu ist der „EC-Check" zur Perspektiventwicklung in der Jugendarbeit.[79]

Neubesinnung und Veränderung

Wie Paul-Hermann Zellfelder-Held betont, beginnt diakonische Gemeindeentwicklung im Kopf mit Einstellungen und Grundhaltungen. Neben dem Verständnis von Gemeinde und ihrem Auftrag geht es „um den gemeinschaftlich und persönlich gelebten Glauben an den menschenfreundlichen Gott, wie er sich in Jesus Christus gezeigt hat."[80] Neben die Orthodoxie, die Rechtgläubigkeit, muss dazu die Orthopraxie, das rechte Tun, treten. Professor Michael Herbst spricht davon, dass Diakonie in der Spannung zwischen dem barmherzigen Samariter und der zuhörenden Maria (Lk 10) geschieht.[81] Man muss wie Maria nahe bei Jesus sein, von ihm lernen und von ihm verändert zu werden und gleichzeitig wie der Samariter die Nähe der Menschen suchen. Die konkrete Begegnung mit Menschen in Not kann so zur Berufung werden und für die Diakonie motivieren.

Bedürftigkeit erleben

Neben biblischer Lehre und geistlichem Leben ist es deshalb wichtig, den Gemeindegliedern Gelegenheit zu geben, aus ihrer scheinbar „heilen Welt" auszubrechen und solche Begegnungen zu erleben.

Ein konkreter Zugang kann auch die eigene Erfahrung von Bedürftigkeit und Verletztheit sein. Durch das Gespräch über eigene Erfahrungen von Angst, Verlust und Hilflosigkeit wird deutlich, dass wir selbst nicht unangefochten und ohne Verletzungen sind, auch wenn wir im Moment vielleicht besser dran sind.

Auch interaktive Übungen in der Gruppe sind eine Möglichkeit, sich mit der Not und Bedürftigkeit in unserer Umgebung ganzheitlich auseinanderzusetzen. Durch Fragen nach dem persönlichen Empfinden (Wohlbefinden-Equalizer, siehe Kapitel 7.18) und nach den Ursachen und Folgen von Armut (Problembaum, siehe Kapitel 7.13) kann man versuchen, sich in die Lage der Betroffenen zu versetzen, und dadurch Mitgefühl entwickeln.

Chancen und Risiken bedenken

Bei der Entscheidung, ob sich die Gemeinde im diakonischen Bereich engagieren wird, sollten bewusst die Chancen und Risiken einer Veränderung den Risiken des Beharrens im momentanen Zustand gegenübergestellt werden. Zu den Chancen der Wahrnehmung von diakonischen Aufgaben gehört es, dass sich die Gemeinde für Menschen öffnet, die bisher keine Beziehung zur Gemeinde hatten. Dies kann auch den evangelistischen Bemühungen neue Dynamik geben. Daneben können von der diakonischen Arbeit auch Impulse für geistliches Wachstum ausgehen, indem der Glaube praktisch wird und Gottes Handeln konkret erlebt werden kann. Der Chance einer dynamischen Gemeindeentwicklung stehen die Unsicherheit gegenüber, wie sich neue Arbeitszweige und Kooperationen entwickeln werden, und das Risiko, dass der Einsatz von Arbeitskraft und Finanzen möglicherweise nicht die erwartete Wirkung hat. Es muss bedacht werden, dass auch das Beharren im momentanen Zustand für die Gemeinde Risiken birgt, z. B. dadurch, dass sich die Gemeinde weiter von ihrem Umfeld entfremdet und isoliert.

Die ganze Gemeinde einbeziehen

Die Bereitschaft, sich konkreter Not anzunehmen und das Thema Diakonie in der Gemeinde bewusst zu machen, geht oft von einzelnen Gemeindegliedern

aus. Eine geistlich wache Gemeindeleitung sollte diese Impulse aufnehmen. Ein Besuch in einer diakonisch aktiven Gemeinde oder Berichte von erfahrenen Mitarbeitern einer solchen Gemeinde können dazu beitragen, die Chancen und Herausforderungen diakonischen Handelns besser zu verstehen.
Dann sollte möglichst die Mehrheit der Gemeinde für die Auseinandersetzung mit der Frage nach dem diakonischen Auftrag gewonnen und in den darauf folgenden Prozess einbezogen werden. Dazu bietet sich ein Gemeinde-Workshop an, bei dem alle Gemeindeglieder einbezogen werden. Auch danach ist es wichtig, dass immer wieder Informationen vom Projekt-Team an die Gemeindeleitung und die Gemeindemitglieder weitergegeben werden.
Wie bei einer Gemeindeanalyse oder Perspektiventwicklung kann es auch bei der Frage nach dem diakonischen Auftrag der Gemeinde nützlich sein, mit der Moderation und Leitung des Prozesses einen ortsfremden Mitarbeiter zu beauftragen. Ein Fremder kann unbelasteter versuchen, die Situation in der Gemeinde und im Ort zu erfassen, und dabei auch unbequeme Fragen stellen.

Eine Projektgruppe bilden

Es wird nicht in jeder Gemeinde möglich sein, die Mehrheit der Mitglieder für die Auseinandersetzung mit dem Thema Diakonie zu gewinnen. In Landeskirchlichen Gemeinden nimmt oft nur ein kleiner Teil der Mitglieder aktiv am Gemeindeleben teil. In vielen dieser Gemeinden gibt es aber Diakonieausschüsse, die das Thema bearbeiten könnten. Auch in Landeskirchlichen Gemeinschaften und Freikirchen werden sich nicht immer die Mehrzahl der Mitglieder für Diakonie interessieren. In diesem Fall kann das Anliegen von einer Initiativ- oder Projektgruppe vorangebracht werden. In die Projektgruppe können durchaus auch Personen einbezogen werden, die dem Anliegen eher kritisch gegenüberstehen. Dadurch können Ängste, Vorbehalte und Missverständnisse aufgenommen und bearbeitet werden. In der Gruppe kommt es dann darauf an, inner- und außerhalb der Gemeinde Verbündete und Partner zu finden, die Vision im Auge zu behalten und mit kleinen, aber konkreten Schritten zu verfolgen. Dabei spielt der geistliche Aspekt eine wichtige Rolle. Die Aktivitäten sollen im Gebet begleitet und im Glauben an den Gott der Liebe gegründet sein.
Diesen Weg, kleine Kreise von Interessierten zu bilden, ist auch Wichern im 19. Jahrhundert gegangen. Allerdings ist es ihm damals nicht gelungen, die Diakonie dauerhaft in den Gemeinden zu verankern. Deshalb muss unbedingt im Blick bleiben, dass Diakonie die Aufgabe der ganzen Gemeinde ist, und versucht werden, möglichst viele Gemeindeglieder einzubeziehen. Parallel zur Arbeit der Projektgruppe kann die Gemeinde durch Predigten, Bibelar-

beiten, Diskussionen in Gruppen und Hauskreisen usw. angeregt werden, sich mit dem Thema Diakonie zu beschäftigen.

6.3 Einblick: Die Gemeinde verstehen

Um die Gemeinde für den diakonischen Einsatz motivieren zu können, ist es auch nötig, ihre Anliegen und Aktivitäten ernst zu nehmen und die vorhandenen Ressourcen zu berücksichtigen. Bei dem Blick in die Gemeinde geht es um die Fragen:
- Wer sind wir?
- Was tun wir?
- Was haben wir?

Wer sind wir?

„Wer sind wir?" fragt nach der Zusammensetzung der Gemeinde: Welche Altersgruppen und sozialen Milieus sind stark vertreten? Wodurch unterscheiden wir uns von den Menschen in unserem Umfeld? Wodurch wird der Kontakt zu den Menschen im Ort erleichtert oder erschwert? Die Übung „Profil eines typischen Gemeindeglieds" (siehe Kapitel 7.2) hilft, über diese Fragen ins Gespräch zu kommen. Dabei können spontan Ideen aufkommen, wie anderen Menschen der Zugang zur Gemeinde erleichtert werden kann.

Die Frage nach der Identität hat auch mit den Vorstellungen von Gemeinde und ihrer Vision zu tun. Manche Gemeinden haben bewusst ein Leitbild für ihre Arbeit entwickelt. Andere lassen sich von eher unbewussten Vorstellungen leiten.

Was tun wir?

Die unbewussten Ziele und Visionen der Gemeinde werden auch in ihren Aktivitäten deutlich. Man kann die Aktivitäten analysieren, indem man sie im „Fenster der Vision" (siehe Kapitel 7.4) den intellektuellen, materiellen, geistlichen und sozialen Bedürfnissen der Menschen zuordnet. Eine etwas aufwändigere Möglichkeit ist es zu untersuchen, wie viel Zeit in der Gemeinde für die Bereiche Anbetung, Gemeinschaft, Zeugnis, Lehre und Dienst investiert wird. Dazu können die Aktivitäten aufgelistet und der jeweilige prozentuale Beitrag zu diesen Bereichen geschätzt werden. Dieser wird dann mit dem Zeiteinsatz und der Anzahl der Beteiligten multipliziert (siehe Kapitel 7.3). Beide Methoden helfen dabei zu erkennen, wie ganzheitlich die

Gemeindearbeit ist und ob einzelne Bereiche einseitig betont und andere vernachlässigt werden. Die bereits vorhandenen diakonischen Aktivitäten sollten bewusst wahrgenommen und gewürdigt werden. Dann wird sich entscheiden, ob stärkeres diakonisches Engagement überhaupt nötig ist.

Was haben wir?
Wie ein solches Engagement aussehen könnte, hängt u. a. von den Antworten auf die Frage „Was haben wir?“ ab. Dabei geht es nicht nur um materielle Ressourcen wie Gebäude und Geld, sondern auch darum, was der Heilige Geist bereits in der Gemeinde vorbereitet hat: Welche Kontakte haben die Gemeindeglieder zu Menschen in ihrem Umfeld? Welche Anliegen teilen sie mit ihnen? Was hat ihnen Gott bereits aufs Herz gelegt? Das Arbeitsblatt „Kontakte und Anliegen“ (siehe Kapitel 7.1) ist eine Möglichkeit, diese Fragen anzusprechen. Schwarz spricht in diesem Zusammenhang von dem „Oikos-Prinzip“ und meint damit, dass das soziale Beziehungsgeflecht genutzt wird, die christliche Liebe spürenbar werden zu lassen.[82]

Zu den Ressourcen der Gemeinde gehören auch die Erfahrungen, Fähigkeiten und Begabungen der Gemeindemitglieder. Für die konkrete Planung von Projekten ist es wichtig, diese Fähigkeiten zu kennen. Diese Ressourcen können mit einem detaillierten Fragebogen oder durch eine eher offene und informelle Nennung der Einsatzmöglichkeiten erfasst werden. Um die bereitwilligen Mitarbeiter auch zeitnah einsetzen zu können, kann es besser sein, diese Frage erst im Zusammenhang mit der Projektplanung (Phase „Tiefblick“) zu stellen.

Nachdem das Selbstverständnis der Gemeinde, ihre Werte, ihre Aktivitäten und Kontakte zu den Menschen in ihrem Umfeld bewusst wahrgenommen und verstanden wurden, können die Ergebnisse in einem Dokument zusammengefasst und mit der Gemeindeleitung diskutiert werden.

6.4 Ausblick: Die Umgebung bewusst wahrnehmen

Beim Ausblick geht es darum, sich den Menschen im Umfeld der Gemeinde zuzuwenden. Dabei ist es zunächst wichtig, sich für die Umgebung in ihrer ganzen Vielfalt und Komplexität zu öffnen und sich nicht von Vorurteilen oder Lieblingsideen leiten zu lassen. In dieser Phase kommt es darauf an, die Wirklichkeit in ihrer Breite zu erkennen und „blinde Flecken“ so weit wie möglich zu vermeiden. Später, nachdem ein Überblick gewonnen und Prioritäten gesetzt wurden, wird es nötig sein, diese Bereiche noch besser zu verstehen und auch Details zu klären.

Das Informationsdreieck

Um „blinde Flecken" zu vermeiden, sollte versucht werden, die Wirklichkeit aus verschiedenen Blickwinkeln zu sehen. Man spricht daher vom Informationsdreieck (Information Triangle). Dies kann geschehen, indem verschiedene Arten von Informationsquellen gleichermaßen genutzt werden: bereits vorhandene Statistiken und Studien, Einzelpersonen und Gruppen im Ort oder Stadtteil und andere Einrichtungen und Organisationen, die in diesem Bereich arbeiten. Bei Interviews und Gruppendiskussionen sollten möglichst Personen aus verschiedenen Altersspannen und sozialen Schichten, Männer und Frauen, evtl. Menschen verschiedener Nationalitäten usw. einbezogen werden. Daneben können verschiedene methodische Ansätze und Fragen genutzt werden wie Fragen zum geografischen Raum, die oft mit Hilfe von Landkarten (bzw. Stadtplänen) dargestellt werden können, Fragen zu geschichtlichen oder jahreszeitlichen Veränderungen und Fragen zur Sicht verschiedener Bevölkerungsgruppen.

Geografie und zeitliche Veränderungen

Ein guter Start für die Arbeitsgruppe kann die Diskussion über einem Stadtplan sein, in dem gemeinsam verschiedene Einrichtungen und Aspekte, die für das Leben der Menschen bedeutsam sind, eingetragen werden. Auch das gemeinsame Erinnern an wichtige Ereignisse und die Diskussion über Trends in der Geschichte des Ortes oder Stadtteils können ein guter Einstieg sein. Die dabei entstandenen Dokumente und Diagramme können später mit weiteren Informationen ergänzt werden. Sehr aufschlussreich kann es auch sein, diese Fragen mit besonderen Gruppen (Kindern, Senioren, Müttern von Kleinkindern, Arbeitslosen) zu besprechen.

Fachleute befragen

Beim Ausblick ist es wichtig, auf die Meinung von Personen zu hören, die nicht zur Gemeinde gehören und verschiedene Segmente der Gesellschaft repräsentieren. Dazu gehören Fachleute wie z. B. Vertreter der Kommunalverwaltung, Jugend- oder Sozialarbeiter, Mitarbeiter von Sozialstationen, Polizei, Pfarrer, Vorsitzende von Vereinen, aber auch Mitbürger ohne besondere Funktion. Die Form, wie die Meinung dieser Personen erfasst wird, kann unterschiedlich sein. Ein ausführlicher Fragebogen könnte mit der Post versandt werden und dadurch wenig Arbeit verursachen. Diese Methode ist aber für manche Menschen abschreckend und nicht sehr geeignet für unvorhergesehene Fragestellungen. Eine Liste mit Fragestellungen, die von Interesse sein könnten, ein sogenanntes halbstrukturiertes Interview, kann deshalb sinnvoller sein. In manchen Situationen muss im Gespräch auf schriftliche Aufzeichnungen ganz verzichtet werden, um die Gesprächspartner nicht abzuschrecken.

Gruppengespräche

Neben dem Gespräch mit Einzelpersonen können Diskussionen in bestimmten Gruppen interessante Ergebnisse bringen. Dazu gehören zum Beispiel: Mütter, deren Kinder einen Kindergarten oder eine Spielgruppe besuchen, Rentner bei einem Seniorennachmittag, Jugendliche an einem beliebten Treffpunkt. Die verschiedenen Meinungen und Beiträge müssen dann in geeigneter Form gesammelt und dokumentiert werden. Informationslücken und scheinbare Widersprüche müssen bewusst wahrgenommen und möglichst geklärt werden.

6.5 Überblick: sachliche und geistliche Analyse

Schon während die Projektgruppe Informationen über die Gemeinde und ihr Umfeld sammelt, wird sie diese Informationen auswerten und beurteilen. Trotzdem ist es wichtig, bewusst innezuhalten und gewissermaßen aus der Vogelperspektive den bisherigen Prozess und die Ergebnisse zu überblicken. Um das diakonische Anliegen in der Gemeinde zu verankern, sollten dabei möglichst viele Gemeindeglieder einbezogen werden.

Soziale und geistliche Beurteilung

Dabei geht es sowohl um die soziale und wirtschaftliche Beurteilung als auch um das Bemühen zu verstehen, wie die Situationen aus Gottes Sicht zu beurteilen sind. Die von Peter Beyerhaus und Johannes Reimer vertretene tripolare Weltsicht kann dabei einen Beurteilungsrahmen bieten.[83] Sie unterscheidet zwischen dem Wirken Gottes in der Welt (Missio Dei), den verschiedenen Ausprägungen der menschlichen Kultur und der Auswirkung von dämonischen Mächten in der Gesellschaft. Zur geistlichen Beurteilung der gesellschaftlichen Situation gibt es kein einfaches Schema. Es kommt vielmehr darauf an, alle Beobachtungen und Informationen im Gebet zu bewegen und feinfühlig darauf zu achten, welche Strukturen dem Willen Gottes widersprechen und wo der Heilige Geist an und durch Menschen wirkt. Dabei ist die Gabe der Geisterunterscheidung (1. Kor 12,10) von großer Bedeutung. Die folgenden Fragen können als Fahrplan für die schrittweise Beurteilung der Informationen genutzt werden.

Wo stehen wir?
Beginnen kann man dabei mit der Gemeinde selbst. Es geht um die Fragen: Wer sind wir und wie nehmen wir unseren Auftrag wahr? Ist die Gemeinde gut in ihr Umfeld eingebunden oder ist sie isoliert? Wie werden die Menschen im Umfeld der Gemeinde beurteilt? Bestehen Vorurteile und Ängste? Die Analyse der Gemeindeaktivitäten zeigt dann, in welchen Bereichen sich die Gemeinde vor allem engagiert und welche sie eher vernachlässigt. Diese Informationen regen dazu an zu überprüfen, ob die Gemeinde dem Auftrag Gottes entspricht (siehe Kapitel 1) oder ob sie sich stärker für die Menschen in ihrem Umfeld öffnen und auf ihre Bedürfnisse eingehen sollte.

Welche Bedürfnisse gibt es in unserem Umfeld?
Um diese Bedürfnisse geht es bei der nächsten Frage. Dabei ist es wichtig, die verschiedenen sozialen Gruppen im Auge zu haben, ohne sich zu früh auf eine Gruppe zu konzentrieren. Auch bei ihren Nöten und Bedürfnissen muss zunächst die ganze Breite wahrgenommen werden. Die verschiedenen Informationsquellen (Statistiken, Aussagen von Betroffenen, Behörden und Organisationen) werden gegeneinander abgewogen und Widersprüche hinterfragt, um ein möglichst realistisches Bild zu bekommen. Dazu gehört auch wahrzunehmen, welche Angebote und Programme bereits auf diese Bedürfnisse eingehen und wie sie von den Betroffenen angenommen werden. Auf geistlicher Ebene kann man nach Zusammenhängen und Strukturen fragen, die das Leben der Menschen fördern oder hindern bzw. sogar zerstören. Wo sind Menschen in destruktiven Strukturen und Vorstellungen gefangen? Wo gebraucht Gott Menschen als Werkzeuge, um seine Werte zur Geltung zu bringen?

Was sollen wir tun?
Dies führt schon zur dritten Frage: Eine Gemeinde wird kaum auf alle Bedürfnisse in ihrem Umfeld eingehen können und muss Schwerpunkte setzen. Ziel ist, den Brennpunkt oder die Schnittmenge von drei Kreisen zu finden, in der sich die *Bedürfnisse und Träume der betroffenen Menschen*, *Gottes Anliegen* und der *Auftrag und die Möglichkeiten der Gemeinde* überschneiden (siehe nächste Seite).

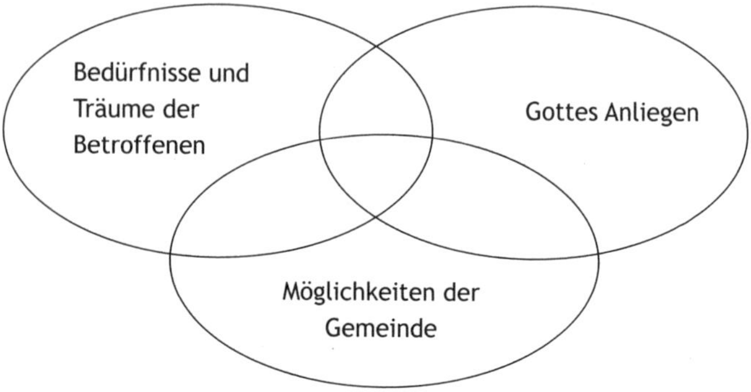

Diese drei Bereiche können entsprechend als Kriterien dienen:

Theologisch ausgedrückt muss die Projektgruppe und die Gemeinde ein Gespür für ihren Topos (den spezifischen Ort) und den Kairos (die geeignete Zeit) entwickeln. Jede Gemeinde hat eine besondere geografische Lage und ein einzigartiges Profil mit besonderen Chancen und Hindernissen, die auf bestimmte Aufgaben und Möglichkeiten hinweisen können. Zudem muss die Gemeinde den geeigneten Zeitpunkt erkennen, an dem Projekte begonnen oder beendet werden können. Solch ein Kairos kann ein Jubiläum sein, ein besonderes Jahr, die Initiative eines Gemeindeglieds oder ein aktueller Unglücks- oder „Sozialfall" in der Gemeinde.

Neben der Frage nach unerfüllten Bedürfnissen geht es um die Möglichkeiten der Gemeinde, darauf einzugehen. Möglicherweise gibt es bereits diakonische Aktivitäten, die ausgebaut oder ergänzt werden könnten. Auch die zur Verfügung stehenden Mitarbeiter, Finanzen und Infrastruktur (Gebäude, Fahrzeuge, Geräte usw.) müssen bedacht werden. Ein weiterer Hinweis auf das, was Gott bereits vorbereitet hat, sind die Kontakte und Anliegen der Gemeindeglieder. Wenn bereits Kontakte zu bestimmten Gruppen bestehen und Anliegen geteilt werden, ist es viel leichter, Mitarbeiter für eine Aufgabe zu motivieren. Wer konkret bei welchen Aktivitäten mitarbeiten wird, muss an dieser Stelle noch nicht geklärt werden, sondern kommt erst bei der Planung und Vorbereitung des Projekts zur Sprache.
Bei der Entscheidung für eine bestimmte Aufgabe ist es auch wichtig, die Arbeit anderer Organisationen zu berücksichtigen und ernst zu nehmen. Eine christliche Gemeinde muss nicht alles neu erfinden, sondern kann mit an-

deren zusammenarbeiten, die zum Wohl der Menschen tätig sind. Es sollte überlegt werden, ob die Mitarbeit in einem bestehenden Projekt ausreicht oder ob ein neuer Arbeitszweig aufgebaut werden sollte in Kooperation mit oder als Ergänzung zu anderen Projekten.
Für Gemeinden mit wenig Erfahrung in diakonischer Arbeit kann es sinnvoll sein, zunächst ein oder mehrere Schnupperprojekte (siehe Kapitel 7.20) durchzuführen. Die dabei gesammelten Erfahrungen können eine gute Grundlage für längerfristiges Engagement bilden.

6.6 Tiefblick: Detailanalyse und Projektplanung

Nachdem eingegrenzt wurde, welcher Bedürfnisse sich die Gemeinde annehmen möchte, geht es jetzt darum ein konkretes Projekt zu planen. Dazu ist es nötig, spezielle Informationen zu sammeln, um ein tieferes Verständnis der Situation zu bekommen und Details zur Planung des Projekts zu klären. Wie in den vorhergehenden Schritten kommt es auch in dieser Phase nicht nur darauf an Fakten zu klären und sachlich zu beurteilen, sondern gleichzeitig für die Betroffenen zu beten und Gott um Verständnis und Leitung bei der Projektplanung zu bitten.

Weitere Informationen sammeln

Die in der Ausblick-Phase gesammelten Daten bilden zwar eine Informationsgrundlage, werden aber für eine kompetente Entscheidung über das Vorhaben und die Projektplanung oft nicht ausreichen. In dieser Phase ist es daher nötig, weitere Informationen zu sammeln. Dazu gehören u. a. Kenntnisse über

- Details, die helfen, das Bedürfnis oder Problem besser zu verstehen
- Anforderungen an Problemlösungen, die für die Betroffenen akzeptabel sind
- erforderliche Schritte zur Verwirklichung des Projekts
- dazu nötige Ressourcen, gesetzliche Bestimmungen usw.
- Fähigkeiten und Ressourcen von Betroffenen, der Gemeinde und anderen Unterstützern.

Zur Sammlung dieser Daten können zum Teil die gleichen Methoden genutzt werden wie in der Ausblick-Phase. Hinweise zu weiteren Verfahren gibt Kapitel 7.

Betroffene einbeziehen

Schon in der Ausblick-Phase wurden die Mitbürger aus verschiedenen sozialen Gruppen um Informationen und ihre Sicht der Lebenssituation in Ort oder

Stadtteil gebeten. Nachdem jetzt geklärt ist, welchen Bedürfnissen sich die Gemeinde zuwenden möchte, sollten die Betroffenen noch intensiver einbezogen werden. Zur Definition des Projektziels muss geklärt werden, wie Bedürfnisse gestillt werden können und welche Vorgaben aus ihrer Sicht erfüllt sein müssen, damit man von einer Lösung des Problems sprechen kann. Eine vermeintliche Problemlösung könnte sonst inakzeptabel und das Vorhaben damit vergeblich gewesen sein. Die Betroffenen müssen auch deshalb bei der Planung einbezogen werden, damit sie sich mit dem Projekt identifizieren und sie aktiv an der Umsetzung mitarbeiten. Dazu gehört auch, dass sie ihre eigenen Möglichkeiten und Ressourcen sehen und diese zur Problemlösung einsetzen. Die Unterstützung durch eine diakonische Initiative darf deshalb auch nur angeboten, aber niemals aufgezwungen werden.

Die Mitarbeit der Betroffenen kann die Projektdurchführung möglicherweise komplizierter machen, sie ist aber oft selbst ein Teil der Problemlösung. Durch das Einbringen der eigenen Ressourcen lernen sie sich als von Gott beschenkte Menschen verstehen, die nicht nur passive Opfer sind, sondern selbst Verantwortung übernehmen und aktiv werden können. Soweit es möglich ist, können Vertreter der Betroffenen in dieser Phase Teil der Projektgruppe werden und bei allen Überlegungen und Entscheidungen mitwirken.

Für die Mitarbeiter und Mitglieder der Projektgruppe ist der Kontakt zu den Betroffenen ein wichtiger Motivationsschub. Durch die Berührung mit Menschen und ihrer konkreten Not kann Berufung entstehen und Mitarbeiter zum Handeln motiviert werden.

Ideen entwickeln

In der Überblick-Phase wurden die Probleme und Bedürfnisse eingegrenzt, denen sich die Gemeinde zuwenden möchte. Damit ist noch nicht unbedingt die Entscheidung für konkrete Aktivitäten gefallen, durch die ein Problem gelöst werden könnte. Die Aktivitäten anderer Gemeinden, wie in Kapitel 8 beschrieben, können dazu Anregungen geben. Auch Paul-Hermann Zellfelder-Held beschreibt eine Reihe von möglichen Aktivitäten:[84]

- Sozialberatung
- Gemeindehilfsfonds
- Nachbarschaftshilfe
- Nachbarschaftsbeauftragte
- Offene Jugendarbeit
- Diakonische Gemeindejugend

- Selbsthilfegruppen
- Gemeindegastzimmer
- Hilfe für Nichtsesshafte
- Begleitung von „hoffnungslosen Fällen“
- Unterstützung für Behinderte
- Brückenschläge zwischen Gemeinde und Anstalten
- Diakonische Außenposten
- Straffälligenhilfe
- Hilfe bei Erwerbslosigkeit
- Kontakte zu Ausländern
- Eine-Welt-Arbeit
- Gesellschaftsdiakonie

Diese Beispiele können Anregungen geben, erschöpfen aber natürlich nicht die Möglichkeiten und sollten die Kreativität nicht einengen. Durch „Brainstorming”, das ungefilterte Sammeln von Einfällen zu dem Thema, können weitere Ideen gewonnen werden.

Ideen prüfen und auswählen

Im nächsten Schritt geht es darum, aus der Vielfalt von Möglichkeiten und Ideen die geeigneten Aktivitäten auszuwählen. Die bereits oben erwähnten Kriterien: Bedürfnisse und Träume der betroffenen Menschen, Gottes Anliegen und die Möglichkeiten der Gemeinde können zur Prüfung der Problemlösungs-Ideen herangezogen werden.

Ein verbreitetes Hilfsmittel zur Bewertung verschiedener Alternativen ist die SWOT-Analyse (siehe Kapitel 7.22). SWOT steht dabei für strengths (Stärken), weaknesses (Schwächen), opportunities (Chancen) und threats (Gefahren). Bei den Stärken und Schwächen geht es darum, die Maßnahme selbst zu bewerten. Chancen und Gefahren sind Einflüsse von außen, die die Verwirklichung des Vorhabens erleichtern oder gefährden können.

Mitarbeiter und Partner finden

Für die Durchführung der diakonischen Aktivitäten ist es entscheidend geeignete Mitarbeiter und evtl. Partnerorganisationen zu finden.
Bereits bei der Umfeldanalyse sollte man sich einen Überblick verschafft haben, welche Behörden und Organisationen im Umfeld der Gemeinde soziale Dienste anbieten. Dazu können diakonische Einrichtungen, staatliche Behörden und freie Vereine gehören. Jetzt sollte geklärt werden, ob die beste-

henden Angebote unterstützt werden können bzw. wie eine Zusammenarbeit aussehen könnte.

Wenn die Gemeinde eigene, diakonische Aktivitäten beginnen möchte, sollte jetzt geklärt werden, welche Gemeindeglieder zur Mitarbeit bereit sind bzw. für welche Aufgaben auch Mitarbeiter, die nicht zur Gemeinde gehören, gewonnen werden könnten. Die Fähigkeiten und Einsatzmöglichkeiten könnten mit einem detaillierten Fragebogen erfasst werden oder durch eine informelle Nennung der Bereitschaft zur Mitarbeit.

Projektplanung

Nachdem eine erfolgversprechende Projektidee ausgewählt wurde und Mitarbeiter gewonnen werden konnten, kann jetzt das Vorhaben geplant werden. Wie detailliert und umfangreich die Projektplanung sein muss, hängt von der Größe und Komplexität des Vorhabens ab. Ein einfaches Raster ist auf jeden Fall hilfreich, um den Ablauf des Projekts zu durchdenken und zu klären, welche Mittel dazu nötig sind und wie die Verantwortung für die verschiedenen Aufgaben verteilt wird. Solch ein Raster sollte daher die Spalten Aufgabe, Zeitrahmen, nötige Ressourcen und Verantwortlicher umfassen (siehe Kapitel 7.23) und kann bei Bedarf um weitere Angaben erweitert werden.

Ein etwas komplexeres Mittel zur Projektplanung ist das Logical Framework (siehe Kapitel 7.24), das in den 60er Jahren für Entwicklungsprojekte erstellt wurde. Es geht von einem Oberziel aus und bricht dieses dann herunter zu den messbaren Resultaten und einzelnen Aktivitäten. Dieser Aufbau erleichtert es, den Projektvorgang zu überwachen und die Ergebnisse zu überprüfen.

Wie in Kapitel 7.4 dargestellt, können die vier Bereiche ganzheitlichen Dienstes (intellektuelle und materielle Entwicklung, geistliches Leben, soziale Beziehungen) als Fenster symbolisiert werden, durch das sichtbar wird, dass Gott für alle Lebensbereiche sorgt. Dieses Modell hilft bei der Planung, neben dem eigentlichen Projektschwerpunkt auch die anderen Aspekte als sekundäre Ziele zu integrieren. Im Blick auf die verschiedenen Aktivitäten der Gemeinden hilft es eine Balance zu halten, ohne einen der Bereiche zu vernachlässigen.

Falls für das Projekt finanzielle Unterstützung bei einer staatlichen Stelle oder einer privaten Stiftung beantragt werden soll, kann die Form der Projektplanung und -beschreibung von der jeweiligen Organisation vorgegeben werden.

6.7 Projektdurchführung

Eine gründliche Planung, bei der die Ziele des Projekts klar definiert und die Aktivitäten und die dazu nötigen Ressourcen durchdacht wurden, ist eine wichtige Voraussetzung für eine geordnete Projektdurchführung. Wenn das Vorhaben in Zusammenarbeit mit einem anderen Träger durchgeführt wird, können durch eine gute Planung die gegenseitigen Erwartungen und Aufgaben geklärt werden, um unnötige Frustration zu vermeiden. Trotzdem wird es immer wieder nötig sein, die Aktivitäten den Bedürfnissen und Möglichkeiten anzupassen und wahrscheinlich auftretende Probleme zu lösen. Bei allen Aktivitäten ist es wichtig, das große Ziel, Gott zu ehren und seine Liebe spürbar werden zu lassen, im Auge zu behalten und zu überprüfen, ob die Projektziele erreicht werden.

Nicht nur *was*, sondern *wie* wir es tun, ist wichtig

Ob das Ziel von Diakonie, Menschen Gottes Liebe weiterzugeben und auf den liebenden Gott hinzuweisen, erfüllt wird, hängt nicht nur davon ab, *was* geschieht, sondern *wie* es getan wird. Die Werte und Einstellungen der Verantwortlichen und Mitarbeiter wurden in der Art und Weise spürbar, wie sie sich untereinander und gegenüber der Zielgruppe verhalten. Am Verhalten lässt sich erkennen, ob die Erledigung der Aufgaben im Vordergrund steht oder ob es um die Menschen geht bzw. ob man sie als von Gott geliebte und begabte Wesen ansieht oder als Objekte der Hilfe. So wie sich Jesus mit den Menschen identifizierte, müssen auch wir ihnen auf Augenhöhe begegnen, um ihnen dienen zu können. Wenn Gottes Liebe spürbar werden soll, muss dies auch gerade in den alltäglichen Beziehungen geschehen. Neben der Durchführung der Projektaktivitäten ist es daher auch entscheidend, dass die Mitarbeiter ihre Beziehung zu Jesus pflegen und ihren Glauben im Alltag leben.

Ganzheitlich dienen

Ob ein Projekt ganzheitlich arbeitet, hängt neben dem Einsatz und der Einstellung der Mitarbeiter davon ab, ob die unterschiedlichen Bedürfnisse der Menschen im Blick bleiben. Da sich das Projekt entsprechend seiner Ausrichtung auf bestimmte Bedürfnisse konzentriert, ist es leicht möglich, dass andere in den Hintergrund treten oder ganz vergessen werden. Deshalb sollten die Verantwortlichen und Mitarbeiter von Zeit zu Zeit bewusst überprüfen, wie die materiellen, intellektuellen, sozialen und geistlichen Bedürfnisse befriedigt werden und ob diese Ziele besser in das Projekt integriert werden können. Dies könnte durch im Projekt integrierte Aktivitäten geschehen oder durch vom eigentlichen Projekt unabhängige Angebote, zu denen die Ziel-

gruppe eingeladen wird. Zum Beispiel wird bei einer gemeinsamen Mahlzeit eine Andacht gehalten und ein Tischgebet gesprochen (geistliche Bedürfnisse), man richtet für Veranstaltungen einen Fahrdienst ein (materielle/soziale Bedürfnisse) oder lädt zu einem besonderen Gottesdienst ein (zusätzliches geistliches Angebot).
Neben der Integration der geistlichen Anliegen im diakonischen Projekt ist es wichtig, die diakonische Arbeit in der Gemeinde zu verankern. Dies kann dadurch geschehen, dass in der Gemeinde darüber berichtet wird, immer wieder Gemeindeglieder zur Mitarbeit ermutigt werden und dass Diakonie durch Verkündigung, Fürbitte und Abkündigungen im Gottesdienst vorkommt.

Monitoring und Evaluation
Im Laufe jedes Projektes kommt es zu Veränderungen, die die Erreichung der Ziele gefährden können oder eine Anpassung der Planung nötig machen. Deshalb ist es wichtig, solche Veränderungen wahrzunehmen, um rechtzeitig darauf reagieren zu können. Die Shaftesbury Society in England spricht dabei von einem Zyklus von Gebet, Handeln und Nachdenken.[85] Es geht dabei darum, auf Gott zu hören, aktiv zu werden und aus den Erfahrungen zu lernen. Dadurch soll verhindert werden, dass man in blinden Aktionismus verfällt. Wichtig ist, aus der Abhängigkeit von Gott zu handeln und regelmäßig die Ergebnisse zu überprüfen.

Die *laufende Überwachung der Projektaktivitäten und -fortschritte* wird als Monitoring bezeichnet. Dabei wird regelmäßig, z. B. monatlich oder vierteljährlich, danach gefragt, ob die geplanten Aktivitäten durchgeführt wurden und was dadurch erreicht wurde. Die Betroffenen sollten dabei einbezogen werden um wahrzunehmen, wie sie Hilfe erfahren haben bzw. wo das Projekt an ihren Bedürfnissen vorbeigeht. Falls es Abweichungen von der Projektplanung gibt, wird nach den Gründen gefragt und falls nötig der Plan geändert. Neben den Projektaktivitäten sollte auch das Umfeld beobachtet werden: Hat sich die Situation der Zielgruppe verändert? Gibt es soziale, wirtschaftliche oder politische Veränderungen, die das Projekt betreffen? Die Antworten auf diese Fragen helfen zeitnah, die nötigen Veränderungen vorzunehmen.
Eine einfache Möglichkeit des Monitorings ist ein Projekttagebuch, in dem wöchentlich oder monatlich, möglichst in den regelmäßigen Mitarbeitertreffen, die folgenden Fragen beantwortet werden:
- Welche Projektaktivitäten wurden durchgeführt?
- Was wurde damit erreicht?
- Gab es Veränderungen im Umfeld des Projekts?

Neben der laufenden Projektüberwachung ist in größeren Abständen (z. B. 1-3 Jahre) eine *grundsätzliche Überprüfung des Projektes* (Evaluierung) nötig. Dabei geht es darum zu entscheiden, ob das Projekt noch sinnvoll ist oder ob größere Veränderungen nötig sind oder es gar beendet werden sollte. Dabei werden ähnliche Methoden genutzt wie in der Tiefblick-Phase bei der Planung des Projekts. Wie bei der Planung ist es entscheidend, die Betroffenen einzubeziehen, um die Wirkung des Projektes wirklich zu verstehen. Um bei der Evaluierung „blinde Flecken“ zu vermeiden und das Projekt möglichst objektiv wahrzunehmen, kann es sinnvoll sein, damit eine externe Person mit Erfahrung auf diesem Gebiet zu beauftragen.

Projekte dürfen zu Ende gehen

Projekte sind per Definition auf eine bestimmte Aufgabe und begrenzte Zeit angelegte Vorhaben. Wenn das Ziel erreicht wurde, sich die Bedürfnisse verändert haben, die Gemeinde nicht mehr über die nötigen Ressourcen verfügt oder andere Organisationen die Aufgabe besser erfüllen können, kann es Zeit sein, das Projekt zu beenden. Dies ist kein Unglück, sondern ein natürlicher Vorgang. Das Projekt sollte deshalb mit einem dankbaren Rückblick abgeschlossen werden, mit Blick auf das, was erreicht wurde und was die Gemeinde dadurch an Anstößen bekommen und an Erfahrungen gelernt hat. Eine Feier zum Projektende kann dann in der Gemeinde auch Kräfte mobilisieren, um sich neuen Aufgaben zuzuwenden.

7. Werkzeugkiste für diakonische Gemeindeentwicklung

Die Werkzeugkiste auf einen Blick

		für Einzelne	für Gruppen	Motivation	Einblick	Ausblick	Überblick	Tiefblick	Durchführung
1	Kontakte und Anliegen	X			X			X	
2	Profil eines typischen Gemeindemitglieds		X		X				
3	Analyse der Gemeindeaktivitäten	X	X		X				
4	Fenster der Vision	X	X		X		X	X	X
5	Sekundärinformationen					X		X	
6	Interviews	X	X			X		X	
7	Karte der Umgebung		X		X	X	X	X	
8	Schriftliche Umfrage	X				X		X	
9	Video-Projekt		X	X		X		X	X
10	Geschichte des Ortes	X	X			X	X		
11	Kunstausstellung		X	X		X		X	X
12	Kurzgeschichten- und Gedicht-Wettbewerb		X	X		X		X	X
13	Problembaum		X	X		X	X	X	
14	Disziplin der Liebe	X		X					X
15	Ganzheitliche Kleingruppen		X	X		X			X
16	„Darf ich für dich beten?“	X	X	X		X			X
17	„Einfach nur so“-Aktionen	X	X	X					X
18	Wohlbefinden-Equalizer		X	X		X		X	
19	Gebetsspaziergang	X	X	X		X	X		
20	Schnupperprojekte		X	X		X			X
21	Talent-Umfrage	X			X		X	X	
22	SWOT-Analyse	X	X				X	X	
23	Aktionsplan	X	X					X	X
24	Logical Framework	X	X					X	X

7.1 Kontakte und Anliegen

Ziel: Überblick über Anliegen von Gemeindemitgliedern und Gruppen, zu denen diese Kontakt haben.

Bedeutung: Bereits bestehende Kontakte und Anliegen sind Hinweise darauf, wo der Heilige Geist Mitarbeiter schon vorbereitet hat. Dies kann ein wichtiges Kriterium für die Wahl von spezifischen Aufgaben oder Projekten sein.

Erklärung: Auf einem Blatt mit konzentrischen Kreisen tragen Gemeindeglieder im Zentrum ihren Namen ein. In die anderen Kreise tragen sie die Lebensbereiche und Gruppen von Menschen ein, mit denen sie dabei zu tun haben und welche Anliegen damit verbunden sind. Die Übung wird individuell durchgeführt. Die Gruppen von Kontakten und Anliegen können später zusammengefasst werden.

Quelle: Tearfund, CCC: Making Connections, 68-72

Beispiel

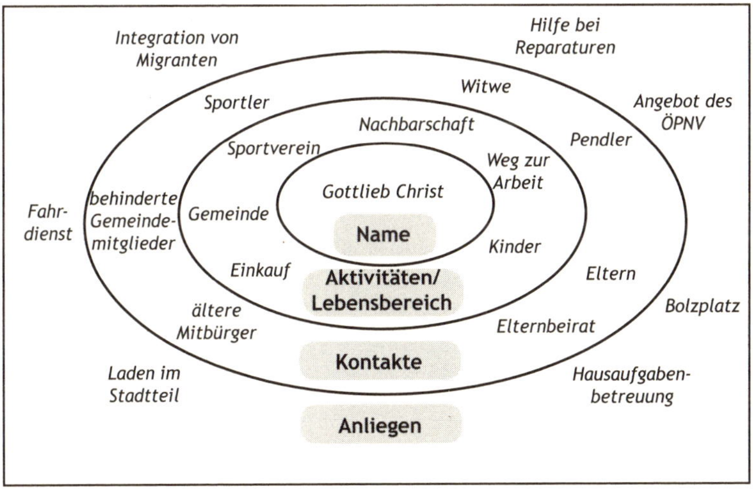

7.2 Profil eines typischen Gemeindemitglieds

Ziel: Wahrnehmen, welcher Personenkreis zur Gemeinde gehört und wie die Gemeindeglieder geprägt sind. Wie unterscheiden sie sich von den Menschen im Umfeld der Gemeinde?

Bedeutung: Die Übung soll anregen darüber nachzudenken, welche Art von Menschen die Gemeinde besuchen. Die Charakteristiken der Gemeindeglieder können den Zugang zu bestimmten Bevölkerungsgruppen erleichtern oder erschweren. Diese Überlegungen helfen zu verstehen, warum Fremden der Zugang zur Gemeinde schwerfallen kann. Dies kann dazu motivieren, sich besonders zu bemühen, die Gemeinde für die Umgebung zu öffnen.

Erklärung: Dieses Werkzeug kann gut in Gruppen von Gemeindegliedern eingesetzt werden. In der Gruppe wird überlegt, was die Merkmale eines typischen Besuchers der Gemeinde sind.

Wie ein solches Profil aussehen kann, zeigt das Beispiel auf der nächsten Seite.

Quelle: Tearfund, CCC: Making Connections, 28-32

Profil
eines regelmäßigen Besuchers der Gemeinde

1. vorherrschende Altersspanne
50 - 85 Jahre

2. 3 bis 5 häufige Berufe bzw. Tätigkeiten
Techniker, Kaufleute, Hausfrauen, Rentner

3. Vorlieben und Hobbys
Gartenarbeit, Musik, Wandern

4. bevorzugte Parteien
CDU, FDP

5. Da fühle ich mich nicht wohl / da gehe ich nicht hin
Disko, Kirmes, Skatabend, Comedy im Fernsehen

6. Vereinszugehörigkeit
Gesangsverein, Förderverein der Schule

7. Familienstand
meist verheiratet, z. T. verwitwet

8. Kinderzahl je Familie
2 - 4

9. Aus welchen Bereichen kommen unsere Freunde?
o Schulkameraden
o Arbeitskollegen
x Nachbarn
o Verein/Partei
x Gemeinde
x Verwandtschaft
andere: ....

10. Bei welchen Fragen vermutet ihr deutliche Unterschiede zum Durchschnitt der Gesellschaft?
5, 7, 8

7.3 Analyse der Gemeindeaktivitäten

Ziel: Überblick über die Ausrichtung der Gemeindeaktivitäten.
Bedeutung: Die Analyse zeigt, wo die Schwerpunkte der Gemeindeaktivitäten liegen und wie viel Zeit die Gemeindeglieder mit Gemeindeaktivitäten verbringen.
Erklärung: Liturgia (Anbetung), Koinonia (Gemeinschaft), Martyria (Zeugnis) und Diakonia (Dienst) sind Ausdrucksformen von Gemeinde. Für heutige Gemeinden könnte noch Lehre als an die Gemeindeglieder gerichtetes Zeugnis hinzugefügt werden. Es wird eine Liste mit allen Gemeindeaktivitäten erstellt und notiert, wie viele Mitarbeiter, Gemeindeglieder und Besucher daran teilnehmen und wie groß der Zeitaufwand pro Woche oder Monat ist. Es wird abgeschätzt, zu wie viel Prozent die oben genannten Bereiche von jeder Aktivität betroffen sind. Aus den Daten kann man errechnen, wie viel Zeit von Mitarbeitern und Besuchern in die verschiedenen Bereiche investiert wird. Die Berechnungen können mit dem Computer als Tabellenkalkulation relativ einfach vorgenommen werden.

Ein Beispiel siehe nächste Seite.

Übersicht über Gemeindeaktivitäten (Beispiel)

Zuordnung						Wie viele, oft, lang?	Mitarbeiter-Std je Monat						Teilnehmer-Std je Monat					
	Anbetung	**G**emeinsch.	**L**ehre	**Z**eugnis	**D**iakonie		**ges.**	A	G	L	Z	D	**ges.**	A	G	L	Z	D
Aktivität																		
Gottesdienst	30%	20%	50%			wöchentl. 75 TN, 3 MA	**80**	24	16	40	0	0	**540**	162	108	270	0	0
Gäste-Gottesdienst	20%	30%	20%	30%		vierteljährlich 70-80 TN	**30**	6	9	6	9	0	**50**	10	15	10	15	0
Bibelstunde		20%	70%		10%	wöchentl. 20 TN	**21**	0	4	15	0	2	**90**	0	18	63	0	9
Gebetsstunde	50%	50%				monatlich, 15 TN	**4**	2	2	0	0	0	**22**	11	11	0	0	0
Hauskreise		40%	30%	10%	20%	14-tägig, 70 TN	**60**	0	24	18	6	12	**420**	0	168	126	42	84
Frauenfrühstück		60%	20%		20%	wöchentl. 5 TN	**0**	0	0	0	0	0	**60**	0	36	12	0	12
Frauenkreis		40%		60%		14-tägig, 3 MA, 18 TN	**6**	0	2	0	4	0	**0**	0	0	0	0	0
gr. Frauenfrühstück		30%		70%		2x jährlich, ca.130 TN	**27**	0	8	0	19	0	**0**	0	0	0	0	0
Männerfrühstück		20%		50%	30%	4x jährl., 60 TN, 5 MA	**10**	0	2	0	5	3	**0**	0	0	0	0	0
Chor	30%	50%		20%		14-tägig, 15 TN	**7**	2	4	0	1	0	**46**	14	23	0	9	0
Jungschar				80%	20%	wöchentl.15 TN, 4 MA	**32**	0	0	0	26	6	**0**	0	0	0	0	0
Teenkreis		30%		40%	30%	wöchentl.10 TN, 3 MA	**24**	0	7	0	10	7	**0**	0	0	0	0	0
Jugendkreis	20%	40%	20%	20%		wöchentl. 8 TN	**15**	3	6	3	3	0	**65**	13	26	13	13	0
						Summen (Std/Monat)	**316**	37	84	82	83	30	**1293**	210	405	494	79	105
						Zeitanteil (%)	**100**	**12**	**26**	**26**	**27**	**9**	**100**	**16**	**32**	**38**	**6**	**8**

7.4 Fenster der Vision

Ziel: Bei der Planung und Analyse von Diensten die ganzheitlichen Ziele im Blick behalten.

Bedeutung: Das Fenstermodell kann bei der Analyse, Planung und bei der Auswertung von Aktivitäten genutzt werden.

Erklärung: Die vier Ziele, intellektuelle und materielle Entwicklung, geistliches Leben und soziale Beziehungen, werden als Quadrate eines durch ein Fensterkreuz geteiltes Fenster dargestellt. Durch die Aktivitäten der Gemeinde in diesen Bereichen soll Gottes ganzheitliche Liebe sichtbar werden. Zur Analyse von Gemeindeaktivitäten können diese in dem Quadrant notiert werden, dessen Ziel sie vor allem dienen. Bei der Planung von Projekten kann das Modell genutzt werden, um die verschiedenen Ziele in einem Modell zu integrieren bzw. die Balance zwischen Projekten und Aktivitäten mit unterschiedlichen Schwerpunkten zu halten.

Quelle: Moffitt, Tesch, If Jesus Were Mayor, 307-316

Vorhaben	Zeitraum
intellektuelle Entwicklung *Bibelstunde* *Gottesdienst*	**geistliches Wachstum** *Gottesdienst* *Jugendkreis* *Bibelstunde*
materielle Hilfe *Fahrdienst für Senioren* *Gebet für Kranke*	**soziale Beziehungen** *Hauskreis* *Jugendkreis* *Frauenkreis*

7.5 Sekundärinformationen

Ziel: Bereits aufbereitete Informationen zum Umfeld der Gemeinde nutzen.
Bedeutung: Statistiken und Studien können einen Überblick über die Situation geben und helfen, die Aussagen von Betroffenen zu interpretieren und zu hinterfragen. Da Statistiken meistens recht allgemein sind, reichen sie in der Regel nicht als alleinige Informationsquelle aus und sollten z. B. durch Interviews mit Betroffenen ergänzt werden.
Erklärung: In Deutschland können Statistiken von der Internetseite des Statistischen Bundesamtes (www.destatis.de) abgerufen werden. Ein Teil der Daten ist bis auf die Ebene der Landkreise verfügbar. Weitere Statistiken sind auf der Internetseite der jeweiligen Stadt- bzw. Gemeindeverwaltung verfügbar. Dort kann man auch Hinweise zu wissenschaftlichen Studien finden, die den Ort betreffen.

7.6 Interviews

Ziel: Informationen von Betroffenen oder Personen mit besonderen Kenntnissen über eine bestimmte Situation bekommen.
Bedeutung: Es geht hier um aktuelle Informationen aus erster Hand. Dabei muss allerdings beachtet werden, dass es oft die subjektive Wahrnehmung von einzelnen Personen ist. Die Informationen sollten daher durch andere Informationsquellen überprüft werden.
Erklärung: Zur Vorbereitung von Interviews sollten die bereits vorhandenen Informationen durchgesehen werden, um gezielt nachfragen zu können. Durch offene Fragen wird verhindert, die Befragten in eine bestimmte Richtung zu steuern. Statt vorformulierten Fragen könnte auch eine Liste von Themenbereichen, die angesprochen werden sollen, ausreichen. Der Interviewer kann dann flexibel auf die Themen eingehen, die angesprochen werden, und gezielt nachfragen. Zu Beginn des Interviews sollte erklärt werden, warum das Interview durchgeführt wird und was mit den Daten geschieht.
Neben allgemeinen Mitbürgern und Betroffenen können auch Personen interviewt werden, die besondere Kenntnisse zu den angesprochenen Themen haben, z. B. Bürgermeister, Mitarbeiter von Behörden, Ortsvorsteher, Schiedsleute, Pfarrer oder Leiter von anderen religiösen Gruppen, Mitarbeiter von sozialen Einrichtungen und Diensten, Vorstände von Vereinen, Ärzte, Lehrer und Erzieherinnen usw.

Quelle: Shaftesbury Society, Getting to Know Your Neighbours, 73

7.7 Karte der Umgebung

Ziel: Eine Karte der Umgebung zeichnen mit den Merkmalen und Einrichtungen, die als wichtig empfunden werden.

Bedeutung: Beim eigenhändigen Zeichnen der Karte wird deutlich, welche Aspekte der Umgebung als wichtig empfunden werden. Anhand der Karte können die verschiedenen Gebiete mit ihren Möglichkeiten und Problemen angesprochen werden.

Erklärung: Diese Übung ist besonders für Gruppen geeignet, kann aber auch mit Einzelpersonen durchgeführt werden. Es ist interessant, die Karten von verschiedenen Gruppen (z. B. Müttern mit Kleinkindern, Jugendlichen, Arbeitnehmern, Senioren) miteinander zu vergleichen.

Die Karte wird auf einem großen Blatt Papier eigenhändig gezeichnet. Evtl. können Umrisse des Ortes oder Hauptstraßen vorgegeben und bestimmte Gebäude auch durch Bauklötze o. Ä. dargestellt werden. Anhand der Karte kann über die Infrastruktur wie Geschäfte, Kindergärten und Schulen, Versammlungsstätten, Verkehrsmittel, Arbeitsstätten usw. gesprochen werden. Es können unterschiedliche Gebiete mit ihren besonderen Merkmalen voneinander abgegrenzt werden. Auch der Bewegungsradius einzelner Personen kann für bestimmte Fragestellungen von Interesse sein. Die Diskussion über diese Aspekte während des Zeichnens sollte protokolliert werden.

Quelle: Tearfund, CCC: Making Connections, 136 f.

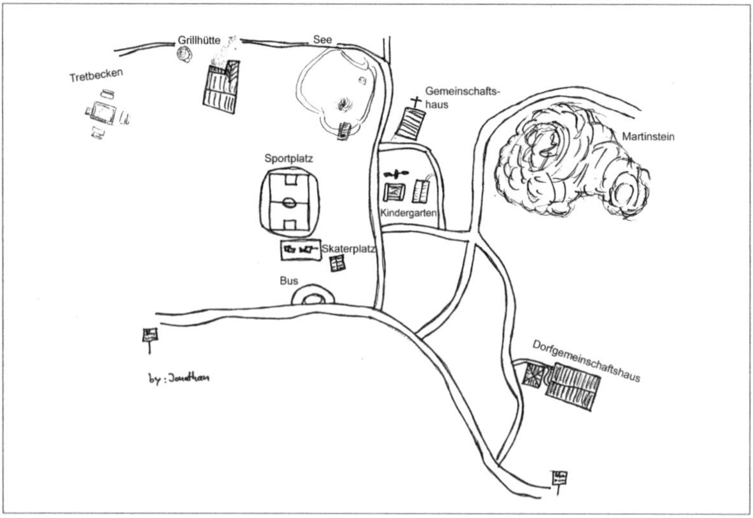

7.8 Schriftliche Umfrage

Ziel: Sammeln von Fakten oder Überblick zu klar formulierten Fragen.
Bedeutung: Mit einer schriftlichen Umfrage kann man sich z. B. einen Überblick über die Situation im Ort und die Arbeit einer größeren Zahl von sozialen Organisationen und Einrichtungen verschaffen.
Erklärung: In einem Begleitschreiben muss die Gemeinde vorgestellt und der Zweck der Umfrage erklärt werden. Die Fragen müssen eindeutig formuliert sein. Zum Teil können sie auch durch Ankreuzen beantwortet werden. Dadurch ist es leichter möglich, die Antworten zusammenzufassen oder statistisch auszuwerten. Anders als beim Interview kann man allerdings nicht auf neue Themen eingehen oder nachfragen. Der Fragebogen sollte nicht zu lang sein (möglichst nur eine, maximal zwei Seiten) und nach etwa einer Woche wieder eingesammelt werden. Wenn sie Interesse haben, sollten die Befragten über das Ergebnis der Umfrage informiert werden.

Quelle: Shaftesbury Society, Getting to Know Your Neighbours, 72

7.9 Video-Projekt

Ziel: Durch Fotos oder Video die Lebensbedingungen und Probleme im Ort oder Stadtteil darstellen.
Bedeutung: Besonders für Jugendliche kann dies eine gute Möglichkeit sein, ihre Sicht und Anliegen darzustellen.
Erklärung: Das Projekt kann von einer schon bestehenden Gruppe von Jugendlichen (z. B. der Jugend eines Vereins, Schulklasse) verwirklicht werden oder es werden Jugendliche eingeladen, eine neue Gruppe zu bilden. Die Jugendlichen besprechen, was sie aufnehmen und wen sie interviewen wollen, und entwerfen ein Drehbuch. Die Filme können mit einem Camcorder oder mit Digitalkameras oder Handys aufgenommen werden. Das Ergebnis kann bei einer Veranstaltung der Gemeinde vorgeführt und mit den Jugendlichen diskutiert werden. Es kann auch ins Internet gestellt und dort kommentiert werden.

Quelle: Shaftesbury Society, Getting to Know Your Neighbours, 82

7.10 Geschichte des Ortes

Ziel: Durch den Blick in die (jüngste) Geschichte die aktuelle Situation verstehen und Trends erkennen.

Bedeutung: Im Rückblick lässt sich oft erkennen, welche Ereignisse und Veränderungen zur heutigen Situation geführt haben und wie diese Trends die Zukunft beeinflussen können.

Erklärung: Dieser Ansatz ist besonders mit Senioren sinnvoll, die die Entwicklung des Ortes über einige Jahre miterlebt haben. Das Thema kann gut in einer Gruppe diskutiert werden.

Die Entwicklung des Ortes oder Stadtteils kann sowohl durch bestimmte Ereignisse (politische Veränderungen, Baumaßnahmen, Schaffung oder Wegfall von Arbeitsplätzen, Öffnung oder Schließung von Geschäften usw.) als auch durch schleichende Veränderungen (weniger Jugendliche, Weg- und Zuzug usw.) beeinflusst werden. Im ersten Fall können die Ereignisse als Linie (Zeitschiene) dargestellt und die Ereignisse, je nachdem ob sie positiv oder negativ eingeschätzt werden, ober- oder unterhalb der Linie aufgetragen werden. Langfristige Trends können als Raster mit verschiedenen Zeiträumen und Kriterien dargestellt werden. In der Durchführung kann es sinnvoll sein, zunächst nach konkreten Ereignissen in der Geschichte zu fragen, dann die bisherigen Trends zu diskutieren und diese dann in die Zukunft zu projizieren. Daraus ergibt sich die Frage, wie Veränderungen zum Guten beeinflusst werden können.

Quelle: Tearfund, CCC: Making Connections, 132-135; The Shaftesbury Society, Getting to Know Your Neighbours, 75 f.

7.11 Kunstausstellung

Ziel: Durch Fotos, Zeichnungen, Gemälde oder Skulpturen die Lebensbedingungen und Probleme im Ort oder Stadtteil darstellen.

Bedeutung: Jugendliche und Erwachsene werden angeregt, sich mit den Lebensbedingungen auseinanderzusetzen und diese auf kreative Weise darzustellen. Eine Ausstellung kann als Anlass für weitere Diskussionen dienen.

Erklärung: Das Projekt kann in Zusammenarbeit mit einer örtlichen Schule oder der Volkshochschule durchgeführt werden. Das gestellte Thema kann weit sein (z. B. Was mir in unserem Ort gefällt; Worüber ich mich ärgere; Was ich mir wünsche) oder eine konkrete Problematik aufnehmen (z. B. Arbeitslosigkeit, Alter, Gewalt, Langeweile, Leben in einer fremden Kultur).

Dabei sollten auch gerade Betroffene zur Teilnahme ermutigt werden. Die Ergebnisse können als Ausstellung in der Gemeinde oder einem öffentlichen Raum präsentiert werden. Zu jedem Kunstwerk sollten die Künstler eine kurze Erklärung über ihr Anliegen schreiben. Die Besucher der Ausstellung sollten Gelegenheit haben, auf die Kunstwerke zu reagieren und ihre eigene Meinung mitzuteilen. Bei einer besonderen öffentlichen Veranstaltung kann das Thema der Ausstellung mit den Besuchern diskutiert und über weitere Schritte nachgedacht werden. Die Bilder können auch bei anderen Treffen als Einstieg in die Diskussion genutzt werden.

Quelle: Shaftesbury Society, Getting to Know Your Neighbours, 83

7.12 Kurzgeschichten- und Gedicht-Wettbewerb

Ziel: Durch Kurzgeschichten und Gedichte werden die Lebensbedingungen und Probleme im Ort oder Stadtteil dargestellt.

Bedeutung: Jugendliche und Erwachsene werden angeregt, sich mit den Lebensbedingungen auseinanderzusetzen und diese auf kreative Weise darzustellen. Eine Lesung kann als Anlass für weitere Diskussionen dienen.

Erklärung: Das Projekt kann in Zusammenarbeit mit einer örtlichen Schule, der Volkshochschule oder Bibliothek durchgeführt werden. Ähnlich wie die Kunstausstellung kann das gestellte Thema weit sein (z. B. Was mir in unserem Ort gefällt; Worüber ich mich ärgere; Was ich mir wünsche) oder eine konkrete Problematik aufnehmen (z. B. Arbeitslosigkeit, Alter, Gewalt, Langeweile). Ein besonderes Thema können die Lebensgeschichten von älteren Mitbürgern oder von Migranten sein.

Die Ergebnisse werden in einer öffentlichen Lesung vorgestellt und prämiert. Als Jury könnten Vertreter örtlicher Einrichtungen (Bürgermeister, Pfarrer, Lehrer, Vereinsvorsitzende) gewonnen werden. Dabei können die Besucher über das angesprochene Thema diskutieren.

Quelle: Shaftesbury Society, Getting to Know Your Neighbours, 84, 76

7.13 Problembaum

Ziel: Dieses Verfahren hilft, Probleme besser zu verstehen, indem über ihre Ursachen und Folgen nachgedacht wird.
Bedeutung: Das Verständnis für die Ursachen von Problemen ist nötig, um nicht nur Symptome zu kurieren. Informationen über mögliche Folgen helfen, die Tragweite des Problems zu erfassen.
Erklärung: Die Übung eignet sich besonders für Gruppen, möglichst von Betroffenen. Auf einem großen Blatt Papier (Flipchart oder Tapete) wird in die Mitte das Problem geschrieben. Es kann auch auf einem Klebezettel notiert und an eine Tafel oder die Wand geheftet werden.
Durch Fragen (Warum?) wird versucht, die Ursachen des Problems zu verstehen. Diese werden auf dem Blatt bzw. Klebezettel notiert. Dann wird zu den tiefer liegenden Ursachen bzw. weitergehenden Folgen weitergefragt. Auf diese Weise entsteht ein Baum mit dem Problem als Stamm, den Ursachen als Wurzeln und den Folgen als Äste. Evtl. kann markiert werden, welche Aspekte besonders wichtig und welche nebensächlich sind. Das Ziel ist, die wirklichen Gründe für Probleme zu erkennen, um dazu Lösungen suchen zu können. Die Betroffenen sollen einbezogen werden, damit ihre Erfahrungen ernst genommen werden und sie angeregt sind, auch selbst aktiv zu werden.

Beispiel siehe rechte Seite

Quelle: Tearfund, CCC: Making Connections, 140 f.

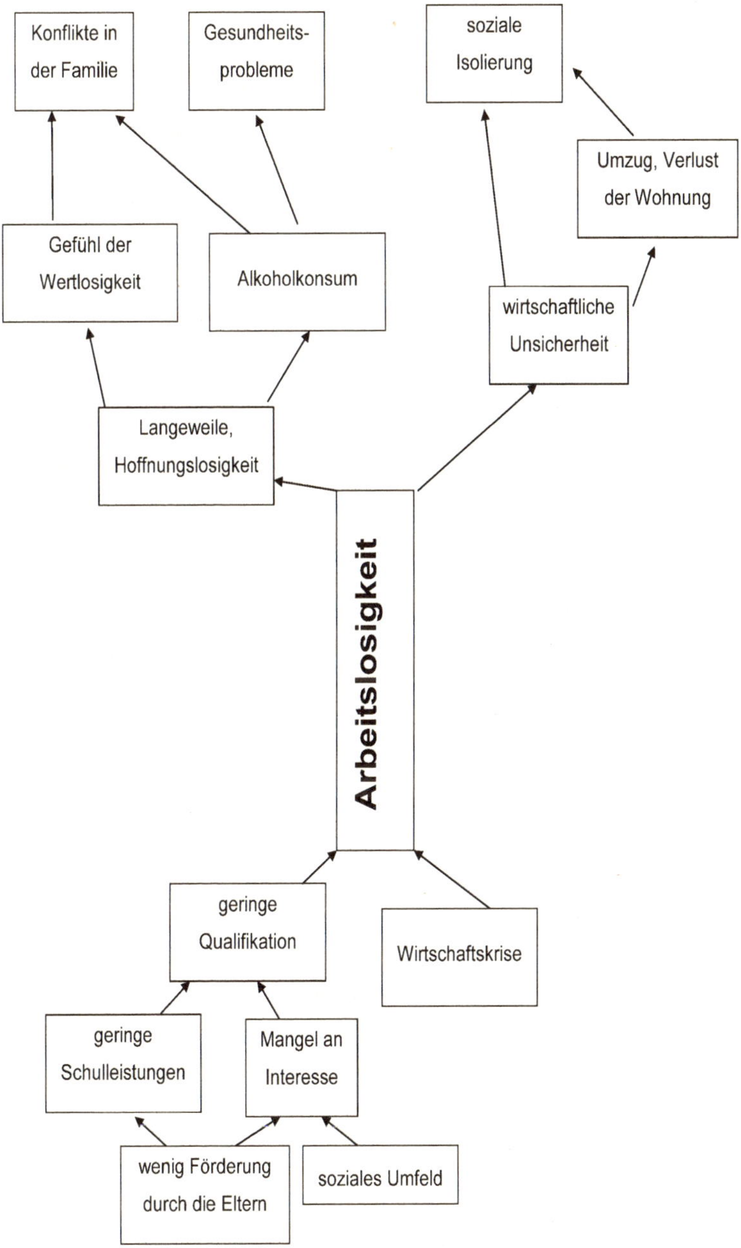
Konflikte in der Familie
Gesundheits- probleme
soziale Isolierung
Umzug, Verlust der Wohnung
Gefühl der Wertlosigkeit
Alkoholkonsum
wirtschaftliche Unsicherheit
Langeweile, Hoffnungslosigkeit
Arbeitslosigkeit
geringe Qualifikation
Wirtschaftskrise
geringe Schulleistungen
Mangel an Interesse
wenig Förderung durch die Eltern
soziales Umfeld

7.14 Disziplin der Liebe

Ziel: Auf persönlicher Ebene die Bedürfnisse von Mitmenschen wahrnehmen und diakonisch handeln.

Bedeutung: Die Beschäftigung mit ganzheitlichem Dienst sollte aber nicht nur auf einer theoretischen Ebene erfolgen, sondern möglichst früh praktisch werden. Diese Übung bietet dazu einen einfachen Rahmen.

Erklärung: Die Ziele ganzheitlichen Dienstes sind nach Lukas 2,52 die intellektuelle, materielle, geistliche und soziale Entwicklung. Diese Übung regt an, diese Bedürfnisse von Mitmenschen im Kontext von Familie, Gemeinde und Nachbarschaft/Ort wahrzunehmen und durch kleine Taten zu fördern. Im Arbeitsblatt mit folgendem Raster werden Aktivitäten notiert, durch die man persönlich in einem überschaubaren Zeitraum (Woche oder Monat) auf diese Bedürfnisse eingehen möchte.

Quelle: Moffitt, Tesch, If Jesus Were Mayor, 255-272

Beispiel

		Art der Bedürfnisse			
		intellektuell	**materiell**	**geistlich**	**sozial**
Kontext	**Familie**	*Kindern bei Hausaufgaben helfen*	*einmal pro Woche saugen*	*täglich für Familie beten*	*pro Woche mind. einen Abend zum Gespräch mit Ehepartner*
	Gemeinde	*Thema im Hauskreis übernehmen*	*Freizeitzuschuss für kinderreiche Familie vorschlagen*	*im Gottesdienst von Erfahrungen berichten*	*Familie mit wenig Kontakten einladen*
	Nachbarschaft, Ort	*Sehbinderte besuchen und aus der Zeitung vorlesen*	*Spielplatz sauberhalten*	*für Anliegen am Ort beten*	*Zeit für Gespräch mit Nachbarn nehmen*

7.15 Ganzheitliche Kleingruppen

Ziel: Hauskreise werden ganzheitlich aktiv.

Bedeutung: Neben der Pflege von Gemeinschaft und Bibelstudium können Hauskreise auch gemeinsam aktiv werden und auf die Bedürfnisse in ihrer Umgebung eingehen. Durch diese Aktivitäten bekommen die Besucher Anstöße für ihr geistliches Leben (siehe Seite 45) und es werden Brücken zu den Mitmenschen gebaut.

Erklärung: Die Kleingruppen können ihre Dienste, z. B. Kinderbetreuung, Einkaufen für Kranke oder alte Menschen, Fahrdienste, Hilfe im Garten, bei Reparaturen oder Computerproblemen in der Nachbarschaft oder im Bekanntenkreis anbieten. Wenn die Aufgaben auf alle Hauskreisbesucher verteilt werden, ist die Belastung für den Einzelnen nicht zu groß.

Nach Christian A. Schwarz zeichnen sich ganzheitliche Kleingruppen durch folgende Merkmale aus:

- Sie sind herausfordernd. Die Besucher lernen stets etwas Neues, um es anschließend in ihrem Alltag anzuwenden.
- Sie sprechen die ganze Person an und sind gleichzeitig auf den Kopf, das Herz und die Hand gerichtet.
- Sie sind bedürfnisorientiert und arbeiten daran, auf die Nöte und Bedürfnisse in ihrer Umgebung einzugehen.
- Sie vervielfältigen sich durch eine starke Anziehungskraft nach außen.

Quelle: Schwarz, Die 3 Farben der Liebe, 123-125

7.16 „Darf ich für dich beten?“

Ziel: Für die Anliegen von Bekannten und Nachbarn beten.

Bedeutung: Wenn wir für die Anliegen anderer Menschen beten, nehmen wir diese ernst und erwarten, dass Gott sie segnen möchte.

Erklärung: Christian A. Schwarz berichtet von einem Gebetskreis in Argentinien, dessen Teilnehmer vor jedem Treffen zwei Haushalte in ihrer Nachbarschaft besuchen und fragen, ob sie Anliegen haben, für die sie beten können. Auch in der diakonischen Arbeit der Willow Creek Community Church hat das Angebot des Gebets eine wichtige Stellung. Natürlich muss auch beim Beten darauf geachtet werden, dass die Privatsphäre gewahrt bleibt und keine vertraulichen Informationen weitergegeben werden.

Quellen: Schwarz, Die 3 Farben der Liebe, 138-139; Rentschler, Laepple, Kirche mit Herz und Hand, 32, 61, 111

7.17 „Einfach nur so"-Aktionen

Ziel: Mitmenschen ohne Hintergedanken etwas Gutes tun.

Bedeutung: Durch die Aktion werden Menschen erfreut und ein erster Kontakt aufgebaut.

Erklärung: Mitarbeiter tun Menschen in ihrer Nachbarschaft etwas Gutes, ohne dabei evangelistisch tätig zu werden oder zu einer Veranstaltung einzuladen. Solch eine Aktion kann das Verteilen von Blumensträußen als Frühlingsgruß, von Eis am Stiel im Sommer oder ein Lied und eine Kerze im Advent sein. Die Aktion kann vor oder nach einem Gemeindetreffen durchgeführt werden, zu dem die Mitarbeiter regulär zusammenkommen. Einfache Aktionen müssen nicht länger als eine halbe Stunde dauern.

Quelle: Schwarz, Die 3 Farben der Liebe, 120-122

7.18 Wohlbefinden-Equalizer

Ziel: Sich in die Lage und die Gefühle von anderen Menschen hineinversetzen

Bedeutung: Die Beschäftigung mit der Lage anderer Menschen kann Mitgefühl wecken und für diakonisches Handeln motivieren.

Erklärung: Wie ein Equalizer an der Musikanlage anzeigt, wie stark verschiedene Tonhöhen vorhanden sind, soll hier deutlich gemacht werden, was zum Wohlbefinden eines Menschen beiträgt.

Die Bibel spricht davon, dass Gott den Menschen seinen „Shalom" wünscht (z. B. Jes 2,2-4; 9,1-7; 11,1-9). Aufgrund dieser Bibelstellen und eigener Erfahrungen wird zusammengetragen, was Voraussetzungen für das Wohlbefinden sind. Diese Faktoren werden in die Spalten am oberen Rand der Tabelle eingetragen. Die Kästchen darunter können ausgemalt werden, um zu markieren, in welchem Ausmaß dieser Faktor erfüllt ist.

Die Situation von Menschen aus dem Umfeld der Gemeinde (z. B. eine gehbehinderte Witwe, deren Kinder nicht im Ort leben, ein Arbeitsloser, die Frau aus einer Migrantenfamilie mit geringen Deutschkenntnissen, eine Alleinerziehende mit kleinen Kindern, ein Jugendlicher ohne Lehrstelle usw.) wird vorgestellt und diskutiert. Man versucht sich in die Lage der Person zu versetzen und notiert in der Tabelle, welche Faktoren des Wohlbefindens bei diesen Menschen stark und welche schwach ausgeprägt sind.

Quelle: Tearfund, CCC: Making Connections, 40-44

Beispiel: Wolhbefinden eines Arbeitslosen

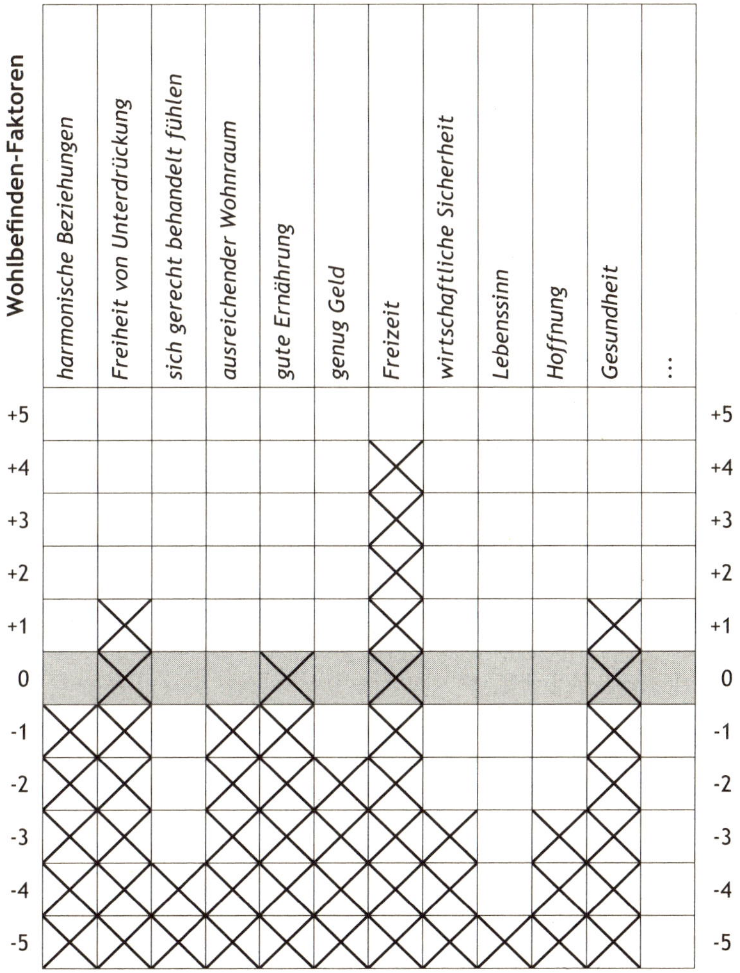

7.19 Gebetsspaziergang

Ziel: Die Menschen und ihre Lebensumstände im Ort oder Stadtteil bewusst wahrnehmen und vor Gott bringen.

Bedeutung: Die eigene Beobachtung ist eine Möglichkeit, Informationen zu sammeln. Durch das Gebet wird diese Information verarbeitet und für den betroffenen Menschen Gottes Segen erbeten.

Erklärung: Auch im eigenen Ort oder Stadtteil bewegt man sich oft nur in bestimmten Gebieten und Straßenzügen. Die Gegend, die man gut kennt, nimmt man oft nicht mehr bewusst wahr. Bei dieser Übung kommt es darauf an, die Gegenden, die man sonst meidet, oder auch die, die einem vertraut sind, bewusst und unvoreingenommen zu beobachten. Dazu geht man durch diese Straßen und achtet bewusst auf die Menschen, die einem begegnen, die Häuser, Geschäfte, Gaststätten, Kirchen und andere religiöse Stätten, die öffentlichen Verkehrsmittel usw. Gibt es Anzeichen von Wohlstand oder von Problemen? Vielleicht kommt man auch ins Gespräch und erfährt dadurch mehr über die Lebenssituation und Bedürfnisse der Menschen.

Während man unterwegs ist, kann man seine Beobachtungen im Gebet vor Gott bringen. Man fragt Gott, was ihm an dieser Gegend gefällt oder was ihn traurig macht, und betet für die Menschen, die dort leben.

Man kann den Gebetsspaziergang als Gruppe durchführen, indem man einzeln oder gemeinsam bestimmte Wege (ca. 1-3 km) geht und sich anschließend trifft, um über die Beobachtungen zu sprechen. Man kann sich unterwegs Notizen machen oder die Beobachtungen im Anschluss zusammentragen und gemeinsam notieren. Die Informationen kann man als Querschnittsdiagramm darstellen.

Beispiel siehe Grafik auf der nächsten Seite.

Quelle: Tearfund, CCC: Making Connections, 56-57; Shaftesbury Society, Getting to Know Your Neighbours, 71

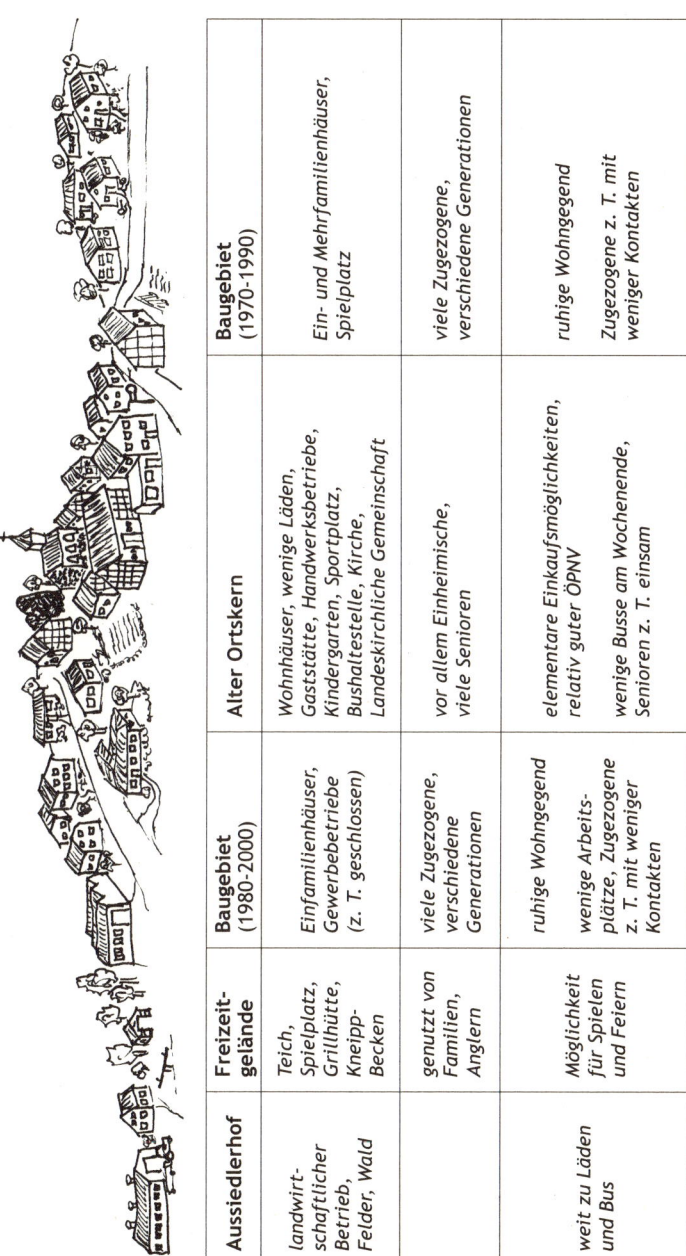

Aussiedlerhof	**Freizeit-gelände**	**Baugebiet** (1980-2000)	**Alter Ortskern**	**Baugebiet** (1970-1990)
landwirtschaftlicher Betrieb, Felder, Wald	*Teich, Spielplatz, Grillhütte, Kneipp-Becken*	*Einfamilienhäuser, Gewerbebetriebe (z. T. geschlossen)*	*Wohnhäuser, wenige Läden, Gaststätte, Handwerksbetriebe, Kindergarten, Sportplatz, Bushaltestelle, Kirche, Landeskirchliche Gemeinschaft*	*Ein- und Mehrfamilienhäuser, Spielplatz*
	genutzt von Familien, Anglern	*viele Zugezogene, verschiedene Generationen*	*vor allem Einheimische, viele Senioren*	*viele Zugezogene, verschiedene Generationen*
weit zu Läden und Bus	*Möglichkeit für Spielen und Feiern*	*ruhige Wohngegend* *wenige Arbeitsplätze, Zugezogene z. T. mit weniger Kontakten*	*elementare Einkaufsmöglichkeiten, relativ guter ÖPNV* *wenige Busse am Wochenende, Senioren z. T. einsam*	*ruhige Wohngegend* *Zugezogene z. T. mit weniger Kontakten*

7.20 Schnupperprojekte

Ziel: Durchführung von überschaubaren, diakonischen Projekten.
Bedeutung: Schnupperprojekte ermöglichen es der Gemeinde, aktiv zu werden und Erfahrungen mit dem ganzheitlichen Dienst zu sammeln.
Erklärung: Diese Projekte sind einfache, überschaubare Aktivitäten, die eine Gemeinde mit eigenen Mitteln durchführen kann, um Menschen, die nicht zur Gemeinde gehören, Gottes Liebe auf praktische Weise nahezubringen. Die Projekte verfolgen einen ganzheitlichen Ansatz und sollten die folgenden Kriterien erfüllen:

- Sie werden von Gebet begleitet.
- Sie sind barmherzig und werden nicht zur Manipulation genutzt.
- Sie haben einen ganzheitlichen Ansatz.
- Sie sind gründlich geplant.
- Sie sind einfach und überschaubar.
- Sie werden mit eigenen Mitteln durchgeführt.
- Sie richten sich an Menschen, die nicht zur Gemeinde gehören.
- Sie beziehen die Zielgruppe aktiv ein.

Quelle: Moffitt, Tesch, If Jesus Were Mayor, 273-306

7.21 Talent-Umfrage

Ziel: Feststellen, welche Talente und Ressourcen in der Gemeinde und in ihrem Umfeld vorhanden sind.
Bedeutung: Bei der Entscheidung für ein bestimmtes Vorhaben ist es wichtig zu wissen, ob die benötigten Mitarbeiter und Ressourcen zur Verfügung stehen.
Erklärung: Die Umfrage kann auf Mitglieder und Besucher der Gemeinde beschränkt sein oder auch Personen aus dem Umfeld einbeziehen. Die Umfrage kann offen sein (Ich bin bereit in folgenden Bereichen mitzuarbeiten: ...) oder kann bestimmte Begabungen und Tätigkeiten vorgeben sowie nach dem zeitlichen Umfang des Einsatzes und nach materiellen Ressourcen (Auto, Geräte, Werkzeug usw.) fragen. In der Regel sollte der Zeitraum zwischen der Umfrage und dem möglichen Einsatz nicht zu lang sein.

Quelle: Shaftesbury Society, Getting to Know Your Neighbours, 100

7.22 SWOT-Analyse

Ziel: Abwägen von Stärken und Schwächen, Chancen und Gefahren für bestimmte Vorhaben oder Einrichtungen.

Bedeutung: Die Analyse bietet ein Raster, um Informationen übersichtlich zusammenzufassen und entsprechende Entscheidungen zu treffen.

Erklärung: Die SWOT-Analyse verwendet ein Raster mit vier Quadraten. Die beiden oberen Kästen betreffen die positiven und negativen Aspekte des Vorhabens selbst (Stärken und Schwächen). In die unteren Kästen wird eingetragen, wie Ereignisse und Trends im Umfeld das Vorhaben fördern oder gefährden können (Chancen und Gefahren). Bei der Entscheidung muss überlegt werden, ob die Schwächen und Stärken des Vorhabens zu den gewünschten Zielen passen bzw. wie die Stärken ausgebaut und die Schwächen reduziert werden und wie die Chancen genutzt und Gefahren vermieden oder gemindert werden können.

Quelle: Tearfund, CCC: Taking Action, 29

Beispiel: **Spielgruppe für Kleinkinder**

	Vorhaben: Spielgruppe für Kleinkinder	
Das Vorhaben	**Stärken** *Räume sind im Gemeindehaus vorhanden* *Werbung durch Kindergruppe und Frauenfrühstück*	**Schwächen** *Mitarbeiter haben nur begrenzte Zeit* *häufiger Wechsel von Mitarbeitern ist für die Kinder ungünstig*
Die Umwelt	**Chancen** *wachsender Bedarf durch mehr Alleinerziehende*	**Gefahren** *neue Vorschriften können die Durchführung erschweren*

7.23 Aktionsplan

Ziel: Übersichtliche Darstellung der nötigen Schritte zur Projektverwirklichung

Bedeutung: Eine gründliche Planung reduziert unvorhergesehene Probleme bei der Durchführung eines Vorhabens.

Erklärung: Es wird überlegt, welche Schritte zur Durchführung eines Vorhabens nötig sind. Zu jeder Aktivität wird festgehalten, in welchem Zeitraum sie erledigt werden soll, wer dafür verantwortlich ist und welche Ressourcen (Mitarbeiter, Hilfsmittel, Geld) dazu benötigt werden.

Quelle: Tearfund, CCC: Taking Action, 45

Beispiel - **Vorhaben: Seniorencafé** *(AK = Arbeitskreis)*

Aktivität	**Zeitraum**	**Verantwortliche**	**nötige Ressourcen**	**Anmerkungen**
Bedarf erheben	*Februar-April*	*Diakonie-AK, Besuchsdienst*	*Kontakt zur Leitung Seniorenheim*	*halbstukturiertes Interview: Was? Wann? Wie oft? Wo?*
Programm, Zeit, Raum planen	*Mai*	*Diakonie-AK, Vertreter der Senioren*		
Finanzierung, Versicherung klären	*Juni*	*Diakonie-AK, Gemeindeleitung*		*Eintritt, Spenden, Zuschuss der Gemeinde?*
Mitarbeiter finden	*Juni*	*Diakonie-AK, Gemeindeleitung*	*Ansage im Gottesdienst, Gemeindebrief*	
Aufgaben verteilen, Teams bilden	*August*	*Diakonie-AK, Mitarbeiter*	*mind. 5 Mitarbeiter*	*einladen, verpflegen, Programm, Fahrdienst, aufräumen*
Werbung	*September*	*Werbungs-Team*	*Druckkosten Einladungen und Poster*	*Gemeindebrief, Aushang, pers. Einladungen*
Praktische Vorbereitung	*September Oktober*	*Teams*	*Vorschuss für Ausgaben*	
Durchführung	*ab Oktober*	*Teams*		*dann regelmäßig?*
Auswertung	*ab Oktober*	*Teams, Diakonie-AK*		*in MA-Besprechung*

7.24 Logical Framework

Ziel: Systematische Darstellung der Projektziele und Aktivitäten und ein Mittel zu ihrer Überprüfung.

Bedeutung: Eine Projektplanungsmethode, bei der die Ziele und ihre Überprüfung im Vordergrund stehen.

Erklärung: Es geht von dem Oberziel aus und bricht dieses dann herunter zu den messbaren Resultaten und einzelnen Aktivitäten. Zu jedem Ergebnis bzw. zu jeder Aktivität wird festgelegt, was konkret geschehen soll und wie das Ergebnis überprüft werden kann. Durch diesen Aufbau ist es einfach, den Projektvorgang zu überwachen und die Ergebnisse zu überprüfen.

Beispiel eines Logical Framework

Oberziel	überprüfbare Merkmale	Mittel der Überprüfung	
Wahrnehmung diakonischer Verantwortung durch die Gemeinde XY			
Projektziel	**überprüfbare Merkmale**	**Mittel der Überprüfung**	**Annahmen**
Die Vorstandsmitglieder entdecken die diakonische Dimension der Mission	*- diakonisches Engagement wird als Teil des Christseins verstanden - persönliches diakonisches Engagement - Initiierung diakonischer Projekte*	*Interviews mit Mitgliedern des Vorstands (vorher - nachher)*	*mind. drei Vorstandsmitglieder stehen für ein Interview zur Verfügung*

Fortsetzung siehe nächste Seite

Resultate	**überprüfbare Merkmale**	**Mittel der Überprüfung**	**Annahmen**
1. Sensibilisierung für diakonische Arbeit *2. Engagement in diakonischen Projekten*	*Thematisierung in Vorstandssitzungen, Klausurtagungen* *50 % der Mitglieder nehmen an „Schnupperprojekten" teil* *nach der Analyse werden dauerhafte Projekte auf den Weg gebracht*	*Vorstandsprotokolle* *Teilnehmerliste*	*- 4 bis 8 Personen lassen sich motivieren* *- Zeitressourcen vorhanden* *- Umfeldanalyse durchgeführt* *- Vorstand bringt sich selbst ein* *- Gott zeigt der Gemeinde diakonische Aufgaben*
Aktivitäten	**Ressourcen**	**Mittel der Überprüfung**	**Annahmen** (externe Faktoren)
zu 1: *- Predigten mit Themen* *- Artikel im Gemeindebrief* *- in verschiedenen Kreisen kommt das Thema vor*	*- Gemeindeleitung ist motiviert, wenn auch nicht initiativ* *- Artikel im Gemeindebrief sind von Redaktion gewünscht*	*- Zustimmung des Vorstands für die ganzheitliche Entwicklung der Gemeinde* *- Themen im Predigtplan* *- Diakonie wird in den Gemeindekreisen besprochen*	*- Unterstützung durch Gemeindeleitung und Hauskreisleiter* *- Gemeindemitglieder kommen zum Gottesdienst* *- Material und Finanzen sind vorhanden*
zu 2: *- Analyse von Umfeld und sozialen Angeboten* *- geeignete Projekte planen* *- der Arbeitsbereich „soziale Dienste" wird besetzt* *- die Gemeinde engagiert sich regelmäßig im diakonischen Bereich*	*- Jugendarbeit führt schon einige Projekte durch* *- es gibt einen unbesetzten Arbeitsbereich „soziale Dienste"* *- praktische Hilfe innerhalb der Gemeinde (Nachbarschaftshilfe) ist i.d.R. selbstverständlich*	*Projekte finden statt*	*- geeignete Projekte werden gefunden* *- Wahrnehmung von Nöten vor Ort* *- aufgrund einer Not entwickelt sich ein Projekt vor Ort*

Quelle: Deutsche Stiftung für Internationale Entwicklung. Introduction to the Logical Framework Approach (LFA) for GEF-financed projects (Berlin: DSE, 2000)[86]

Teil 3 Praktische Beispiele

8. Beispiele diakonischer Projekte

8. Beispiele diakonischer Projekte

8.1 Diakonische Initiativen für Kleinkinder und Eltern

Kinderparkplatz in Elmshorn

Ein Arzt- oder Frisör-Termin oder ein wichtiger Besuch kann Mütter und Väter mit Noch-nicht-Kindergartenkindern vor Herausforderungen stellen. Mitarbeiterinnen der Baptistengemeinde in Elmshorn haben sich dieses Problems angenommen und bieten einmal wöchentlich von 9.00 bis 11.00 Uhr einen Kinderparkplatz an.

Als in der Gemeinde das Projekt vorgeschlagen wurde, kamen positive Rückmeldungen und viele ältere Gemeindeglieder waren bereit zur Mitarbeit. Die Gemeinde wird regelmäßig durch kurze Berichte im Gottesdienst und im Gemeindebrief informiert. Viele Gemeindeglieder laden im Bekanntenkreis zum Kinderparkplatz ein.

Der „Parkplatz" ist eine offene Kinderstube für Kleinkinder bis ca. drei Jahre. Die Kinder können ohne Anmeldung während der Öffnungszeit gebracht werden. Zwei Mitarbeiterinnen kümmern sich um die Kinder in einem Raum mit altersgerechtem Spielzeug, leiten zum Spielen an, singen mit ihnen und schauen mit ihnen Bilderbücher an. Im Sommer kann im Garten ein Sandkasten genutzt werden. Anfangs haben die Kinder oft Schwierigkeiten, sich von den Eltern zu trennen. Dann können die Eltern eine Weile oder die gesamte Zeit dabeibleiben, was aber selten nötig ist. Nach einer Eingewöhnungszeit kommen die Kinder sehr gerne regelmäßig. Wichtig ist, dass die Mitarbeiter nicht jedes Mal wechseln, sondern mindestens zwei oder drei Wochen in Folge dabei sind. Einige Eltern, deren Kinder dann in den Kindergarten gekommen sind, berichten erfreut, dass es dort keinerlei Eingewöhnungsschwierigkeiten gab - dank des Kinderparkplatzes!
Für die Eltern wird beim Abholen eine Tasse Kaffee angeboten, oder sie können in einem Nebenraum bei Kaffee, Keksen und Lesestoff entspannen. Einmal im Monat gibt es zur Öffnungszeit des Kinderparkplatzes eine Frühstücks-Oase für Mütter und Väter, die sehr beliebt ist. Dafür wird ein Kostenbeitrag von 3,- Euro erhoben, während die Kinderbetreuung sonst kostenlos ist. Zum Frühstück bringen Eltern auch manchmal ihre Freunde mit. Außer einem aus-

giebigen Frühstück gibt es einen thematischen Impuls mit anschließender Gesprächsrunde. Zweimal haben die Eltern auch einen kleinen Flohmarkt für Kindersachen und Spielzeug zum Tauschen oder Mitnehmen organisiert.

Neben einem Bericht in der Tageszeitung wurde für den Kinderparkplatz vor allem durch die Empfehlung der Eltern untereinander geworben. Im vergangenen Sommer ist der Parkplatz mit 12 Kindern und drei Mitarbeiterinnen an die Aufnahmegrenze gestoßen und es musste ein weiterer Raum zum Spielen hinzugenommen werden.

Kontakt: www.efg-elmshorn.de

Winterspielplatz Bonn

Der Winterspielplatz ist ein Indoor-Spielplatz für Familien mit kleinen Kindern. Die Idee dazu kam von einer Mutter, die im Winter eine Alternative zu verregneten und matschigen Spielplätzen suchte. Im Jahr 2004 wurde die Anregung erstmals von der Evangelisch-Freikirchlichen Gemeinde Bonn aufgegriffen. Mit diesem Angebot möchte die Gemeinde junge Familien aus Gemeinde und Nachbarschaft im Sinne ihres diakonischen Auftrags ansprechen, ihnen etwas Gutes tun und Kontaktmöglichkeiten schaffen.

Der Winterspielplatz öffnet von Mitte November bis Ende März jeden Mittwochnachmittag von 15.30 bis 17.30 Uhr und richtet sich an junge Familien mit Klein- und Kindergartenkindern im Alter von 1 bis 5 Jahren. Auf 200 m^2 in den Gemeinderäumen bietet er den Kindern Platz und Geräte zum Spielen, ein kleines musikalisches Programm und den Eltern die Möglichkeit zur Begegnung im Eltern-Café. Um die Kosten zu decken, werden pro Familie und Nachmittag eine Kostenbeteiligung in Höhe von 3,- Euro (inkl. Getränke und Gebäck im Eltern-Café) erbeten. Die Saison wird stets im März mit einem Abschlussfest und einem Gottesdienst mit speziellem Kinderteil, der Vorstellung des Projekts und anschließendem Mittagessen beendet.

Die Gemeindeglieder sind an vielen Stellen in das Projekt mit eingebunden. Sie tragen den Großteil der Kosten, werben für das Projekt und arbeiten beim Auf- und Abbau der Spielgeräte, beim Eltern-Café und dem jährlichen Abschlussfest mit. Die Familien der Kinder erleben durch dieses Angebot ein Stück Gemeinde. Sie lernen die Gemeinderäume und einige Mitarbeiter kennen, erhalten Informationen und bekommen so einen Einblick in das Gemeindeleben.

Im Laufe der Jahre ist der Winterspielplatz in jeder Saison voller geworden. Das Angebot hat sich schnell herumgesprochen und die Familien sind begeistert davon. Für die Kinder ist es oft ihr „Highlight“ der Woche. Sie sind dankbar für einen trockenen Spielplatz. Die kommerziellen Indoor-Spielplätze sind teuer und eher etwas für Größere.
Die entstehenden Kontakte zu jungen Familien sind sehr unterschiedlich. Einige kommen nur hin und wieder zum Winterspielplatz, andere sogar über Jahre sehr regelmäßig. Nach Abschluss einer Saison verliert sich der Kontakt zum Teil wieder. Manche Familien nehmen aber auch andere Angebote der Gemeinde wahr wie die Spielgruppe oder das Elternforum, das zu besonderen Themenabenden einlädt. Manche Kinder, die aus dem Winterspielplatzalter herausgewachsen sind, machen später bei Kindermusicals, dem Ferienprogramm oder anderen Kinderaktionen der Gemeinde mit. Ein kleiner Nebeneffekt ist, dass das Winterspielplatzangebot den Bekanntheitsgrad der Gemeinde im Stadtteil erhöht und zu guten Presseberichten beiträgt.

Kontakt: www.efg-bonn.de/kinder_und_jugend/winterspielplatz

8.2 Diakonische Initiativen für Schülerinnen und Schüler

Betreuung von Grundschülern in Bochum

Die Evangelisch Kirchliche Gemeinschaft Haus Lobetal in Bochum engagiert sich schon seit etlichen Jahren in der örtlichen Grundschule. Eine Mitarbeiterin der Gemeinde bietet einmal wöchentlich an einem Nachmittag eine Bastel-AG an, an der 10 bis 15 Grundschüler (1.-4. Schuljahr) teilnehmen. Eine weitere Mitarbeiterin der Gemeinde ist in der offenen Ganztagsbetreuung tätig.

Die Schularbeit begann durch die Feststellung, dass die Kinderstundenleiterin nicht mehr so viele Kontakte zu Kindern im Kinderstundenalter hatte. Die Anfrage, ob sie eine Bastel-AG leiten könne, sah sie als eine Gelegenheit, eine Brücke zwischen Schule und Gemeinde zu bauen. Später stieg sie in der offenen Ganztagsbetreuung ein und die AG wurde von anderen Mitarbeiterinnen übernommen.

Die Betreuung der Kinder am Nachmittag ist ein wichtiger Dienst, vor allem für Alleinerziehende und berufstätige Eltern. Es ist eine Möglichkeit, Kontakte zu Kindern zu knüpfen, die keine Beziehung zur Gemeinde haben. Dahinter steckt die Überzeugung, dass die Gemeinde dahin gehen muss, wo die Kinder und Jugendlichen sind, um eine missionarische Gemeindearbeit möglich zu machen. In der Bastel-AG geht es ausschließlich um Kontaktaufbau. Über die Bastelarbeiten werden keine christlichen Inhalte vermittelt. Durch die verlässliche Mitarbeit in der Schule ist Vertrauen gewachsen und die Mitarbeiter können zu Gemeindeveranstaltungen einladen. Allerdings ist es nicht einfach, einen Übergang zwischen Schule und Gemeinde zu schaffen. Es muss viel Zeit und Liebe in die Kontakte investiert werden.

Kontakt: www.lkg-bochum.de

Hausaufgabenbetreuung in einer Grundschule in Kassel

Seit Sommer 2008 engagieren sich in Kassel ein Ehepaar und ein weiterer Mitarbeiter aus zwei Landeskirchlichen Gemeinschaften in der Grundschule eines Stadtteils von Kassel. Der Stadtteil hat einen hohen Anteil von Einwohnern mit Migrationshintergrund. Nahezu alle Kinder haben mindestens einen ausländischen Elternteil.

Das Betreuungsangebot mit AGs und Hausaufgabenbetreuung wird von der Schule organisiert und von vielen verschiedenen Personen und Vereinen mitgestaltet. Kinder der 1. bis 4. Klasse können die Nachmittagsbetreuung in Anspruch nehmen, wenn sie von ihren Eltern dazu angemeldet werden.
Der zeitliche Rahmen des Angebots an der Schule wurde vertraglich festgehalten. Mit dem Vertrag sind auch die Versicherungsfragen geklärt. Eine besondere Qualifikation ist zur Mitarbeit - z. B. in der Hausaufgabenbetreuung - nicht erforderlich. Die Schule braucht lediglich engagierte Mitarbeiter, die beim einfachen Rechnen helfen, beim Lesen zuhören und beim Schreiben über die Schulter schauen.

Die drei Mitarbeiter aus den Gemeinden engagieren sich in der Hausaufgabenbetreuung und betreuen an zwei Nachmittagen jeweils zwei Gruppen mit insgesamt über 20 Schülern. Gerade für Kinder aus Migrantenfamilien ist diese Unterstützung ein wichtiger Beitrag zum Schulerfolg und zur Integration in die deutsche Gesellschaft. Durch die Mitarbeit entstehen Kontakte zur Schule, den Schülern, Lehrern und auch Eltern. Die Hausaufgabenbetreuung ist ein erster Schritt zu einem weitreichenden Projekt für den Stadtteil. Damit erfüllt sich im Ansatz der Wunsch der Landeskirchlichen Gemeinschaften, die Menschen in ihrem Stadtteil in den Blick zu bekommen und Aktivitäten zu entwickeln, die über die Schule hinausgehen.

In Zukunft möchte die Landeskirchliche Gemeinschaft in dem Stadtteil eine zu den Angeboten der Stadt ergänzende christliche soziale Arbeit aufbauen. Dazu wird in Absprache mit dem Jugendamt, der Wohnungsbaugesellschaft, der Kirche und dem Verein „Jumpers - Jugend mit Perspektive e. V." ein Ehepaar in den Stadtteil entsandt werden.

Kontakt: www.lvier.de; www.friedenshof.de; www.jumpers-netz.de

Ganztagsschule und Jugendcafé in Parchim

Um das Jahr 2000 stellte sich für die kleine Landeskirchliche Gemeinschaft (LKG) in Parchim die Frage, wie es weitergehen sollte. Die Gemeinschaft hatte nur wenige Mitglieder und es gab auch sonst keine wachsenden Gemeinden in der Stadt. Daher wurde beschlossen, neu in die Arbeit der LKG zu investieren. Da viele Parchimer als areligiös einzustufen sind, ist Gemeindebau nur möglich, wenn man in die Kultur mit bekannten Formen hineintritt, Beziehung schafft und seinen Glauben an Jesus Christus vorlebt. Die Gemeinde stellte zunächst einen Mitarbeiter für Gemeindebau zu 25 % ein, der gleichzeitig als Religionslehrer arbeitet. Acht Jahre später kam eine missionarisch-pädagogische Mitarbeiterin zu 35 % dazu. Die Gemeindearbeit wird außerdem durch junge Leute im Freiwilligen Sozialen Jahr (FSJ) unterstützt.

Ganztagesschularbeit war eine naheliegende Möglichkeit Beziehungen zu jungen Leuten zu knüpfen. So war der erste Schritt, Mitarbeiter der Gemeinde für Ganztagesschulunterricht in die Schule auszusenden und damit die Schulen zu unterstützen. Im zweiten Schritt wird ein Jugendcafé aufgebaut. Der Standort liegt an einer Schnittstelle zwischen Gymnasium und sozialem Brennpunkt der Stadt. Hier sollen Jugendliche aus verschiedenen Hintergründen einen Raum finden, in dem sie willkommen sind, ihre Gaben und ihre Persönlichkeit entdecken und entfalten können und die Möglichkeit haben, Jesus Christus kennenzulernen. Dies geschieht durch verschiedene Neigungsgruppen wie Tanz, Band, Theater usw. Da die Gemeinde mit ca. 20 Mitgliedern zurzeit noch recht klein ist, sind alle Mitglieder mit ihren Begabungen an der Arbeit beteiligt. Die einen beten, andere bringen sich handwerklich ein, wieder andere bauen Beziehungen auf und manche leiten die Neigungsgruppen.

Die Gemeinde arbeitet mit dem christlichen Jugendprojekt PAIS (www.paisdeutschland.de) und dem Deutschen EC-Verband (www.ec-jugend.de) zusammen und bekommt über diese Organisationen FSJler, die die Gemeindearbeit unterstützen. Sie ist Partner des „Bündnisses für Familie“ der Parchimer Region und hat Kontakt zu verschiedenen Jugendclubs und Schulen. Die Gemeinde ist überzeugt, dass die Menschen in der heutigen Zeit nicht zuerst Argumente brauchen, sondern die Gute Nachricht ganz persönlich erfahren wollen. Missionarischer Gemeindebau muss daher diakonisch sein und das Evangelium mit Taten der Liebe verbinden.

Kontakt: www.gemeinschaft-parchim.de

8.3 Diakonische Initiativen für Kinder und Jugendliche

Der „Leuchtturm“ in Güstrow

Der „Leuchtturm“ ist ein kostenloses pädagogisches Angebot für Kinder und Jugendliche im Alter von 5 bis 15 Jahren im Wohngebiet Distelberg in Güstrow. Der Distelberg ist ein Plattenbaugebiet und sozialer Brennpunkt mit 2700 Einwohnern. Die Arbeitslosigkeit liegt bei über 20 %. Weniger als 1 % der Einwohner nehmen an Veranstaltungen von christlichen Gemeinden teil. Überdurchschnittlich viele Kinder wachsen dort ohne Vater auf. Die Straße ist ihr Hauptaufenthaltsort.
Die Mitarbeiter wollen mit dem „Leuchtturm“ einen Raum für Kinder und Jugendliche schaffen, in dem sich jeder angenommen fühlt und kommen kann, wie er ist. Auf der Grundlage christlicher Werte möchten sie Kindern und Jugendlichen zu einem gesunden Selbstwertgefühl helfen und sie zur Ehrlichkeit gegenüber sich selbst und anderen herausfordern. Ziel ist es, dass junge Leute ihren Platz im Leben finden und als Hoffnungsträger für andere Menschen da sein können.

Angefangen hat die Arbeit damit, dass Christen regelmäßig dorthin gingen, wo die Kinder leben, und dauerhafte Kontakte aufbauten. Daraus entstand eine Jungschar in der entkirchlichten Umgebung. Seit dem Jahr 2006 pflegen Mitarbeiter Kontakt zu Kindern und ihren Eltern durch Hausbesuche, Freundschaften, Begleitung, Freizeitgestaltung, Sport und Musik. Von Dienstag bis Samstag finden an jedem Nachmittag Veranstaltungen mit Hausaufgabenhilfe, Gruppenprogrammen, Basteln, Spielen, Gemeinschaft und Essen statt. Außerdem gibt es Sonderveranstaltungen wie Ferienlager, Feiern und Feste, Ausflüge und Gottesdienste. Die Erfahrung hat gezeigt, dass es wichtig ist, kontinuierlich für die Kinder da zu sein, am besten täglich, um miteinander Zeit zu verbringen und Beziehungen aufzubauen und dadurch glaubwürdig evangelistisch zu sein. Dazu gehört auch die Bereitschaft, die eigene Haustür und den Kühlschrank für sie zu öffnen. So erleben die Kinder, dass die Mitarbeiter ihnen echte Freunde sein wollen und dass sie ihren Glauben auch im Alltag und zu Hause leben.

Im „Leuchtturm“ engagiert sich ein Team von fünf ehrenamtlichen Mitarbeitern, deren gemeinsame Motivation der christliche Glaube ist. Sie sind mit dieser Arbeit bis zur Grenze ausgelastet und träumen davon, einen hauptamtlichen Mitarbeiter anzustellen. Viele Gemeindeglieder beten regelmäßig für die Arbeit und auch namentlich für einzelne Kinder, besonders während der Sommerfreizeiten. Sie versorgen auch Bibelschulpraktikanten und FSJler und nehmen in Kauf, dass ihr Prediger 25 % seiner Arbeitszeit für das Leuchtturmprojekt aufwendet. Als regelmäßige Mitarbeiter sind dagegen nur wenige engagiert.

Durch das Projekt hat sich einiges verändert. Die Mitarbeiter entdecken auf dem Distelberg eine völlig andere Welt als das gewohnte Gemeindeleben. Sie entdecken neu, was Verlorenheit heute bedeutet, wie Menschen als Verlorene und Verlierer dastehen und keine Hoffnung und Perspektive haben. Sie erleben, was es bedeutet, Jesus bis an den Rand der Gesellschaft nachzufolgen. Sie entdecken, dass sie bedingungslos und ausdauernd lieben müssen. Das einzelne Kind wird wichtiger als der „Erfolg" einer wachsenden Arbeit. Gerade in der oft erfolgsorientierten frommen Szene ist das ein schmerzhafter Lernprozess. Selbst wenn sich nichts sichtbar verändern sollte, ist es unser Auftrag Liebe zu schenken. Was dann daraus wird, ist Gottes Sache.
Es gibt auch immer wieder Rückschläge. Kinder, die einmal regelmäßig dabei waren, kommen auf einmal nicht mehr. Andere, die erste Schritte im Glauben gegangen sind, ziehen aus dem Wohngebiet weg. Bei einigen meint man, ihr Verhalten und ihre Situation werden eher schlimmer, als dass sich etwas zum Positiven entwickelt. Aber auch einzelne Erfolge lassen sich erkennen, z. B. wenn ein Zehnjähriger sich allein in den Bus setzt, um zum Sommerfest der Landeskirchlichen Gemeinschaft zu kommen; wenn er am Ende des Familiengottesdienstes laut das Vaterunser mitbetet; wenn das Projekt durch besondere Aktionen wie eine Open-Air-Kinderevangelisation zum Stadtteilgespräch wird und weit hörbar christliche Lieder erklingen; wenn sich Lieder, die von Gottes Liebe reden, bei den Kindern tief einprägen; wenn einzelne Kinder unbedingt eine eigene Bibel haben wollen; wenn Eltern nicht mehr ablehnend gegenüber dem Angebot sind; wenn sich einzelne Kinder und eine junge Mutter taufen lassen und selbst anfangen zu beten.

Kontakt: www.mgvonline.de/blog/gemeinschaften/guestrow

Der „Fischkutter" in Rostock-Toitenwinkel

Toitenwinkel ist das jüngste Neubaugebiet Rostocks mit ca. 14.000 Menschen in Plattenbauten. Der größte Teil der Bevölkerung ist der kirchlichen Tradition völlig entfremdet und es gibt große Hemmschwellen und Berührungsängste gegenüber der Kirche. Zur evangelischen Gemeinde von Toitenwinkel gehören nur 5 % der Bevölkerung.

Ab 1994 wurden jährlich Kirchenwochen durchgeführt, in denen Mitarbeiter aus anderen Orten für eine Woche Programme für Kinder und Jugendliche veranstalteten. Dadurch kamen viele Kinder und Jugendliche, die sonst nur die Straße kannten, in die Gemeinde. Von Leuten aus der Gemeinde, Jugendlichen und Freunden von außerhalb wurde für sie ein Raum über den Garagen ausgebaut. Hier finden sie verschiedene Angebote: Teen- und Jugend-Time, christliche Kindertreffs, Billardspielen u. a. Die Jugendlichen tauften den Raum „Fischkutter", d. h. mit Jesus im Boot hinausfahren. Seit 1998 verantwortet hier der Verein „Fischkutter - Jugend- und Begegnungsstätte e. V." eine offene Kinder- und Jugendarbeit. Die Zielgruppe sind Kinder und Jugendliche im Alter von 6 bis 18 Jahren. Durch zeitlich befristete Projekte und durch kontinuierliche Angebote wird den Kindern und Jugendlichen ein breites Angebot der Freizeitbetätigung gemacht. Dadurch soll ihnen geholfen werfen, seelische Stabilität zu erlangen und im sozialen und gesamtpersönlichen Bereich beziehungsfähig zu werden.
Zu den Angeboten gehören Spiele wie Billard, Tischtennis, Tischfußball, Dart, Volleyball und Streetball; Gesprächsgruppen; Unterricht in Gitarre, Flöte und Keyboard; Kinderchor, Hausaufgabenhilfe, Basteln und Töpfern, Selbsthilfe-Fahrrad-Werkstatt, Hilfestellung in Alltagsfragen, Feste, Feiern und Ausflüge.

Seit März 2006 läuft die Aktion „Warmes Essen für Schulkinder" und wird insgesamt sehr gut angenommen. Täglich kommen rund 40 Kinder. Die Eltern der Kinder zahlen 0,50 Euro für ein selbst gekochtes, leckeres Essen. Die Betriebs- und Gehaltskosten (z. B. für die Köchin und für eine pädagogische Mitarbeiterin) werden durch Spenden getragen. Damit sollen besonders die Kinder erreicht werden, die zu Hause nicht so versorgt werden, wie sie es brauchen. Neben tatsächlichem Geldmangel spielen dabei fehlende Kreativität, Achtung und Wertschätzung eine Rolle.

Auch die Eltern der Kinder sollen deshalb erreicht werden. Für sie gibt es das Angebot, ein Wochenende mit Kindern außerhalb von Rostock zu verbringen und Gemeinschaft zu erleben. Durch Seminare sollen Eltern Hilfe und Informationen für die Aufgaben der Erziehung und Begleitung von Kindern erhalten und so in ihrer Verantwortung gestärkt werden.

Ein Erfahrungsaustausch mit Mitarbeitern der Berliner Einrichtung „Arche" hat neue Motivation und Impulse gebracht. Die Besuchsaktion wurde gefördert mit Mitteln des Bundesministeriums für Ernährung, Landwirtschaft und Verbraucherschutz (BMELV).

Kontakt: www.fischkutter.org

Musical-Projekt Lüneburg-Bockelsberg

Teenagern zwischen 10 und 16 Jahren die Möglichkeit zu geben, ihre Gaben und Fähigkeiten zu entdecken, sie in ihrem Selbstwert zu stärken und dadurch auf ganz natürliche Weise mit der Liebe Jesu in Berührung zu bringen. Das sind die Ziele des Musical-Projekts Lüneburg-Bockelsberg. Außerdem sollen damit Vorurteile gegenüber Gleichaltrigen mit anderen sozialen oder kulturellen Hintergründen abgebaut werden. Der Lüneburger Stadtteil Bockelsberg zeichnet sich durch eine sehr gemischte Sozialisation aus: 1/5 der Bürger sind ältere Menschen, 1/5 der Bürger haben einen Migrationshintergrund, 1/5 stammen aus sozial schwachen Familien, 1/5 sind Studenten und 1/5 sind Familien mit mittlerem Einkommen, die sich Eigentum leisten können. Durch diese Mischsozialisation wollten die Stadtplaner vor rund zehn Jahren einen homogenen Neustadtteil formen, in dem einer „Gettoisierung" entgegengewirkt würde. Als Begegnungsstätte sollte das neu erbaute Mehrgenerationenhaus („Geschwister-Scholl-Haus") der Hansestadt Lüneburg mit dem vielfältigen Angebot verschiedener Träger diesen Prozess unterstützen. Es zeigte sich jedoch, dass gerade bei den Kindern und Jugendlichen dieses Konzept nicht griff und sich nur begrenzt Beziehungen zwischen Kindern und Jugendlichen verschiedener kultureller und sozialer Hintergründe entwickelten. Auch die Kinder- und Jugendarbeit der in Bockelsberg ansässigen Evangelisch-Freikirchlichen Gemeinde „Friedenskirche" hatte kaum Verknüpfungen zu den Menschen im Stadtteil.

Um diese Schranken zu überwinden und die oben genannten Ziele zu erreichen, initiierten Mitarbeiter der Friedenskirche das Musical-Projekt. Im Mai 2008 begannen Gespräche mit Vertretern des „Geschwister-Scholl-Hauses" und der evangelisch-lutherischen Kreuzkirchengemeinde über das Konzept eines zeitlich begrenzten Musical-Projektes. Gemeinsam wurden die Rahmenbedingungen und Strukturen erarbeitet. Im Februar 2009 startete das erste Musical-Projekt mit dem Popmusical „Weltwechsel" von Theo Eißler mit

42 Teenagern. 1/3 der Gruppe entstammte der Evangelisch-Freikirchlichen Gemeinde, 1/3 kamen aus dem Stadtteil und 1/3 aus dem Stadt- und Landkreis Lüneburg.
Innerhalb von 4,5 Monaten wurde das Musical in wöchentlichen Workshops (Tanz, Theater, Chor/Sologesang, Videodreh) erarbeitet. Die Workshops wurden von einem gemeinsamen Anfang und einem gemeinsamen Abschluss eingerahmt. Innerhalb der zweistündigen Probenzeit wurde in einer 15-minütigen Pause ein kleiner gesunder Imbiss angeboten. In den gemeinsamen Anfangszeiten wurden hin und wieder kurze Erfahrungsberichte eingeflochten, die die Teenager herausfordern sollten, über sich, ihr Leben und den Glauben nachzudenken. Kerngedanke dabei war: Jeder ist einzigartig von Gott ausgedacht und deshalb ohne Vorleistung wertvoll. Das wurde auch durch das Musical-T-Shirt mit einem Fingerabdruck und der Aufschrift „unique" ausgedrückt. Das Projekt wurde mit zwei Aufführungen und einem Fest abgeschlossen, zu dem auch die Familien der Teenager eingeladen waren. Nach dem Erfolg des ersten Projekts ging das Musical-Projekt Bockelsberg im Januar 2010 mit dem selbst geschriebenen Theaterstück „Herzstück" in die 2. Runde.

Durch das Projekt entstanden neue Freundschaften zwischen Jugendlichen. Die Atmosphäre in den Workshops und Gesamtproben war geprägt von Akzeptanz, Toleranz und Ermutigung. Teenager mit Behinderungen, Migrationshintergrund oder sozial schwachem Umfeld waren genauso in die Gruppe integriert wie alle anderen. Viele Teenager wurden deutlich selbstbewusster und blühten regelrecht auf. Einige ältere Teilnehmer gaben die Rückmeldung, dass die Erfahrungsberichte sie ins Nachdenken gebracht hätten. Eltern gaben die Rückmeldung, dass sie spürbar positive Veränderungen an ihren Kindern wahrgenommen haben. Und alle Teilnehmerinnen und Teilnehmer wollen weitermachen!

Kontakt: www.musicalprojekt-bockelsberg.de;
www.friedenskirche-lueneburg.de

8.4 Begegnungsangebote

Café „LichtBlick" in Pirmasens

Vor allem wegen des Wegfalls zahlreicher Arbeitsplätze in der Schuhindustrie hat die Stadt Pirmasens schon seit Jahren mit einer sehr hohen Arbeitslosenquote zu kämpfen. Die protestantische Johanneskirchengemeinde nahm die Not Erwerbsloser wahr und eröffnete im September 1999 das Café „LichtBlick", um diese Menschen zu unterstützen.

Das Café „LichtBlick" hat an drei Tagen in der Woche insgesamt 14 Stunden geöffnet und bietet erwerbslosen Menschen Hilfe zur Selbsthilfe. Dazu gehören u. a. Begegnungsmöglichkeit mit Kaffee und Tageszeitung, Sozialberatung, Stellenaushang, ein PC-Raum zum Erstellen und Ausdrucken von Bewerbungsunterlagen und ein Bewerbungsunterlagen-Check. Das Café arbeitet in einem Netzwerk mit anderen Hilfsinstitutionen der Region zusammen (z. B. Schuldner- und Suchtberatung, Kleiderkammer, Tafel, Gleichstellungsbeauftragte usw.).

Seit 2005 leistet das Café „LichtBlick" zusätzlich die Koordination und Betreuung von Arbeitsgelegenheiten („Ein-Euro-Jobs") in protestantischen Kindertagesstätten und Kirchengemeinden. Durch die sinnstiftende Arbeit gelingt es oftmals, die dabei beschäftigte Menschen in ihrer persönlichen Situation zu stabilisieren. Gelegentlich können dadurch auch Erwerbslose in den Arbeitsmarkt integriert werden. Aufgrund des Sparpakets wurden die Teilnehmerplätze der Arbeitsgelegenheiten jedoch von anfänglichen 12 auf voraussichtlich 5 für 2011 drastisch reduziert.

Die Pirmasenser Agentur für Arbeit unterstützte das Modellprojekt bis 2004 mit 1,5 ABM-Stellen. Von Juli 2008 bis Juni 2010 konnte eine zweite hauptamtliche Mitarbeiterin aufgrund von Lohnkostenbezuschussung eingestellt werden. Ansonsten finanziert sich das Café „LichtBlick" durch zahlreiche Spenden von Gemeindegliedern, Unternehmen und durch Benefizveranstaltungen.

Das Arbeitsfeld des Cafés „LichtBlick" hat sich mit der Zeit verändert. In den ersten Jahren war es in der Hauptsache eine Begegnungsstätte mit Kreativangeboten. Mittlerweile wird verstärkt die Hilfe bei Bewerbungsbemühungen in Anspruch genommen. Im Moment wird überlegt, welche alternative Fördermöglichkeiten es gibt, um das Café „LichtBlick" erhalten zu können oder ob eine neue Richtung eingeschlagen werden soll.

Insgesamt wurden sehr viele positive Erfahrungen gemacht, angefangen von einer sehr intensiven Unterstützung von ehrenamtlichen Gemeindegliedern, beispielsweise bei der Einrichtung und Renovierung der Räumlichkeiten und der Unterstützung der täglichen Arbeit bis hin zu einem positiven öffentlichen Zuspruch sowohl bei den Bürgern als auch bei anderen Hilfsinstitutionen und Ämtern. Mehrere Personen konnten beschäftigt werden und zahlreichen Menschen wurde in schwierigen Lebenssituationen geholfen oder ihnen wurde zumindest ein kleiner Lichtblick gegeben.

Kontakt: www.johanneskirche-pirmasens.de/cafe-lichtblick

Kirchen-Café im „Brückenhus" in Kiel

Das „Brückenhus" ist eine Wohneinrichtung der Sozialpsychiatrischen Initiativen (SPI) in Kiel. Es bietet für 24 Bewohner ein Zuhause auf Zeit und gehört zur Norddeutschen Gesellschaft für Diakonie mbH (NGD). In deren Leitbild steht u. a.: „Wir geben Raum, dass die Beschäftigung mit Themen des christlichen Glaubens Alltag wird."

Eine Mitarbeiterin überlegte, was dies konkret für den Alltag im Haus bedeutete: „Welche Möglichkeiten haben unsere Bewohner, etwas über den christlichen Glauben zu erfahren? Wohin können sie sich mit Glaubens- und Lebensfragen wenden? Als Christ hatte ich den Wunsch, hier ein Angebot zu schaffen, wusste aber nicht, wie dieses aussehen sollte. Ein direkter Gesprächskreis würde wohl nur wenige Bewohner ansprechen. Ich wünschte mir dafür einen angenehmen, wohltuenden Rahmen. So entstand die Idee eines Cafés. Doch dafür brauchte ich Unterstützung. Diese habe ich mir in meiner Landeskirchlichen Gemeinschaft geholt."

Es bildete sich ein Team von acht Mitarbeitern, die regelmäßig halfen und von denen jeweils drei oder vier im Café Dienst haben. Andere Gemeinschaftsmitglieder sagten zu, jeden Monat Kuchen und Torten zu spenden. Von der Leitung des „Brückenhus" wurde Unterstützung zugesagt. Seit November 2008 findet an jedem zweiten Dienstag im Monat das Kirchen-Café im „Brückenhus" statt. Es wird von den Bewohnern sehr gut angenommen. Manchmal bringen sie auch Angehörige oder Freunde mit. Nach einem ausgiebigen Kaffeetrinken folgt eine kleine Andacht mit biblischen Inhalten und lebensnahen Themen. Danach hat jeder die Möglichkeit, über das Gehörte ins Gespräch zu kommen. Dabei wurden schon sehr tief gehende Fragen gestellt, zu denen die Mitarbeiter aus ihrem eigenen Leben berichten konnten, wie der Glaube in schwierigen und guten Zeiten geholfen hat. An den Nachmittagen geht es sehr ungezwungen und fröhlich zu. Manche Gäste genießen Kaffee und Kuchen und gehen dann wieder, andere kommen erst später. Aber viele sind auch vom Anfang bis zum Ende dabei. Räumlich geriet das Café sehr an seine Grenzen, doch so rückt man näher zusammen. Den Mitarbeitern ist es ein Anliegen, mit diesem Angebot Gottes Liebe für jeden praktisch begreifbar zu machen - für den einen mit Kaffee und Kuchen und für den anderen mit einem guten Wort. Inzwischen kommt fast jede Woche die eine oder andere Bewohnerin zum Gottesdienst.

Eine Bewohnerin berichtet: *„Als ich hörte, dass hier im Hause ein sogenanntes Kirchen-Café stattfinden sollte, hatte ich zunächst keine wirkliche Vorstellung davon, was mich zu erwarten hat. Kurz vor dem ersten Treffen begegnete ich auf dem Flur einer mir nicht bekannten Frau mittleren Alters, die mich freundlich begrüßte, sich als Gemeindemitglied vorstellte und mich fragte, wer ich denn sei. Mir fiel die Farbe aus dem Gesicht und ich war völlig entsetzt. Ich stammelte etwas vor mich hin, ging in mein Zimmer und schwor mir, niemals zu diesem Café zu gehen. Ich hatte ein Problem! Früher, als es mir noch gut ging, machte ich selbst Besuche in einer ehrenamtlichen Arbeit. Nun fand ich mich auf der anderen Seite wieder. Hatten die anderen Leute es damals genauso empfunden wie ich jetzt? Ich war frustriert und dachte viel darüber nach. Dann fasste ich den Entschluss, mich meiner Situation zu stellen und das nächste Mal unvoreingenommen hinzugehen. Die ersten Male waren noch schwer, aber es wurde stetig besser und heute möchte ich das Café nicht mehr missen. Ich habe mein Problem überwunden und fühle mich jetzt auf einer Ebene mit den anderen. Auch meine Mitbewohner reagierten zunächst etwas zögerlich. Dann waren sie aber erfreut darüber, dass Besuch ins Haus kam. Man sah mal andere Menschen, konnte mit ihnen reden, wurde von ihnen gehört und es gab den fantastischen Kuchen, den die Menschen mit sichtbar viel Liebe gebacken hatten. Ich bin froh, meine erste Entscheidung schnell wieder verworfen zu haben. Das Kirchen-Café ist hier im Haus ein fester Termin geworden, auf den sich alle schon mindestens eine Woche vorher freuen. Mittlerweile gehe ich nicht nur hin, sondern backe selbst gelegentlich einen Kuchen mit ebensolcher Liebe wie die Menschen der Gemeinde, um sie willkommen zu heißen. Ein Dank gebührt auch den Mitgliedern der Gemeinde, die stetig die Besuche bei uns fortgeführt haben, die uns Freude, Gedankenanstöße und herrliche Kuchen mitbringen und uns Gott näherbringen."*

Kontakt: www.gemeinschaft-kiel.de

Caféstube „Schalom" in Bitterfeld

Bitterfeld ist die viertgrößte Stadt in Sachsen-Anhalt und liegt in einer alten Industrieregion mit Bergbau und Chemieindustrie. Sie galt als „die dreckigste Stadt Europas". Nach der Wende wurden viele Menschen arbeitslos und die Arbeitslosenquote betrug zeitweise über 20 % (z. Zt. ca. 13 %).
Die Evangelisch-Freikirchliche Gemeinde in Bitterfeld-Wolfen ist 170 Jahre alt. Sie zählt 38 Mitglieder, von denen die meisten Rentner, Frührentner und Arbeitslose sind. Ein Pastor ist gemeinsam mit der Tochtergemeinde Delitzsch angestellt. Das Gemeindehaus wurde 1905 gebaut und 1974 umgebaut. Dabei entstand ein Raum, der mit einer Schiebewand mit dem Gottesdienstraum verbunden ist und einen separaten Zugang nach draußen hat.
In der Wendezeit wurde in den Gemeinderäumen eine Bürgerinitiative gegründet und 1991 entstand das Café „Schalom". Anfangs war das Café gedacht als Treffpunkt für arbeitslose Frauen, die miteinander ins Gespräch kommen und an den Problemen anderer Anteil nehmen wollten. Kurzzeitig wurde auch eine Beratung für Alkoholiker und psychisch Kranke angeboten.
Mit der Caféstube „Schalom" soll die Idee der offenen Kirche verwirklicht werden. Sie ist immer werktags geöffnet. Es wird ein Imbiss sowie Kaffee und Tee angeboten, und es besteht die Möglichkeit zu Begegnung und Gespräch. In der Caféstube werden nur Kaffee und Tee aus fairem Handel angeboten. Im angeschlossenen Laden (Initiative Schalom) werden ebenfalls Waren aus fairem Handel wie Kaffee, Tee, Kakao, Schokolade, Schmuck und Taschen zum Verkauf angeboten. Damit wird allerdings kein Gewinn gemacht. Neben den regelmäßigen Öffnungszeiten findet einmal im Monat ein Frauenfrühstück statt. Es gibt ein Büfett und einen Vortrag mit Gesprächsmöglichkeit. Daran nehmen ca. 40 zumeist gemeindefremde Frauen teil.

Die Gemeinde möchte die Liebe Gottes den Menschen erlebbar machen und sieht Diakonie nicht als missionarisches Vehikel, sondern als eigenen geistlichen Wert. Die Erfahrung zeigt, dass man einen sehr langen Atem haben muss. Durch ein diakonisches Angebot werden verstärkt Menschen mit Problemen angezogen, um die man sich kümmern muss. Durch die Caféstube zeigt die Gemeinde Präsenz und bietet Möglichkeit zu Gespräch und Begegnung. Die Gemeinde ist dadurch offener geworden und manche Menschen sind durch die Café-Arbeit in die Gemeinde gekommen. Langfristig ist die Frage, wie das Projekt mit den immer älter werdenden Mitarbeitern weitergeführt werden kann.

Kontakt: www.baptisten-bitterfeld.de

8.5 Diakonische Angebote mit Essen und Nahrungsmitteln

Essen für Kinder und Erwachsene in Wolgast

Seit 2007 bietet die Evangelische Gemeinschaft in Wolgast im Anschluss an die Jungschar, die erst um 18.00 Uhr endet, ein Essen für die Kinder von 6 bis 12 Jahren an.
Anstoß dazu war, dass die Kinder aus nichtchristlichen Familien oft nichts gegessen hatten. Es tut den Kindern und den Mitarbeitern gut, sich in eine regelmäßige, gemeinschaftliche Ordnung einzugliedern. Dabei entsteht beim gemeinsamen Essen die bestmögliche Gemeinschaft.

Zwischen 4 und 14 Kinder nehmen mehr oder weniger regelmäßig als Abschluss der Jungschar am Essen teil. Es wird gewartet, bis alle Kinder sitzen und das Essen für alle griffbereit auf den Tischen steht. Dann gibt es ein kurzes Gebet und danach wird gegessen. Der geordnete Ablauf muss ständig eingeübt werden. Das Essen ist ganz unterschiedlich: von selbstgemachter Pizza, Apfelkuchen und belegten Brötchen bis hin zu gekauften Keksen. Die Mitarbeiter richten dann kurz vor der Jungschar alles her, damit es nach der Jungschar aus dem Ofen kann und fertig ist. Manchmal helfen dabei auch andere Gemeindeglieder mit.

Dreimal im Jahr werden zusätzlich die Kinder mit ihren Eltern zu einem „Kinderfrühstück" eingeladen. Außerdem gibt es jeweils einmal im Jahr ein Osterfrühstück und ein Sommerfest, zu dem Gemeindefremde eingeladen werden. Die Erfahrung hat gezeigt, dass sich Fremde gern zum Essen einladen lassen. Dadurch überwinden sie die „Schwellenangst" und kommen in die Gemeinderäume. Bei den meisten steht das Essen im Vordergrund, aber es ist durchaus so, dass viele hier eine engere Gemeinschaft erleben, als sie sonst in Wolgast üblich ist. Durch das gemeinsame Essen, Spülen, Abtrocknen und Aufräumen und durch die gegenseitige Achtung und Wertschätzung ist die erlebte Gemeinschaft etwas Besonderes. Es ist deshalb wichtig, dass die Mitarbeiter nicht nur Essen ausgeben, sondern dabei liebevolle Beziehungen zu den Gästen aufbauen.

Eine Weiterentwicklung ist das „Frühstück mit Impuls". Es findet jeden Mittwoch von 9.00 - 11.00 Uhr statt und wird von bis zu 20 Teilnehmern besucht. Es gibt zuerst Frühstück und anschließend einen biblischen Impuls. Während der Fußball-WM wurden dabei Sendungen des ERF angeschaut. Auch hier kommen die Gäste, fast nur Außenstehende, weil sie eine liebevolle Gemeinschaft erleben und ein kostenloses Frühstück bekommen. Verantwortet wird das Projekt von zwei Mitarbeitern aus der Gemeinde. Das Essen kommt oft von der Tafel in Wolgast, wenn die dort etwas übrig haben. Ab und zu gibt es einen Zuschuss aus der Gemeinde, meist werden die Kosten durch private Spenden gedeckt.

Kontakt: www.eg-wolgast.de

Mittagessen für Schulkinder in Uetersen

Jeden Mittwoch türmen sich im Foyer des Uetersener Martin-Luther-Hauses Ranzen, Jacken und Sporttaschen. Die dazugehörigen Kinder der benachbarten Grundschule bevölkern das Haus der Gemeinschaft in der Evangelischen Kirche. Es wird getobt und Fußball gespielt, einige erholen sich von der Schule, andere machen Hausaufgaben und das gemeinsame Mittagessen bietet Raum zum Erzählen, Lachen - eben Tischgemeinschaft.

Das Martin-Luther-Haus in Uetersen bietet seit 2002 einmal wöchentlich (außerhalb der Ferien) Mittagessen, Hausaufgabenhilfe, Sport und Spiel für Kinder einer nahe gelegenen Grundschule an. Es kommen wöchentlich zwischen 40 und 60 Kinder der 1. bis 4. Klasse. Etwa die Hälfte von ihnen kommt aus Migrantenfamilien unterschiedlichster Herkunftsländer. Das Angebot ist kostenlos und die Kinder kommen ohne vorherige Anmeldung.

Der Anstoß zu dem Projekt war eine Anfrage der Schule an alle Kirchengemeinden Uetersens. Etwa zeitgleich hatten drei Frauen aus der Gemeinschaft die Idee, ein sozialdiakonisches Projekt für Kinder anzubieten. Sie wollten mit den Kindern gesund und lecker essen, ihnen Zeit und Zuwendung schenken, Gastfreundschaft leben und die Gemeinde in der Stadt bekannt machen. Etwa 15 Mitarbeiter der Gemeinde im Alter von Ende 40 bis Mitte 80 sind direkt an der Arbeit beteiligt - durch Spielen, Hausaufgabenhilfe, Kochen und Abwaschen. Daneben arbeiten auch weitere Ehrenamtliche (z. B. des Freiwilligenforums Uetersen) mit. Das Projekt wird außerdem von Gemeindegliedern durch Gebet, Spenden sowie mit Reinigungsarbeiten unterstützt. Es ist ein buntes, fröhliches Miteinander. Den älteren Mitarbeitern tut es gut, gebraucht zu werden und eine sinnvolle Aufgabe zu haben. Seit 2008 gibt es einen Kooperationsvertrag mit der Uetersener Tafel, die seitdem die Kosten für die Lebensmittel übernimmt. Die „Uetersener Stiftung für die Jugend" hat die Arbeit in den letzten Jahren mehrfach durch Spenden für Sport- und Spielgeräte unterstützt.

Das „Mittagessen für Schulkinder" hat sich in der Stadt etabliert. Nachdem zu Anfang noch mit Handzetteln und Plakaten in der Schule geworben wurde, kommen die Kinder nun durch Mund-zu-Mund-Propaganda. Sie fühlen sich wohl, nehmen auch andere Gemeindeangebote wahr und bringen wieder neue Kinder mit. Einzelne Kinder, die inzwischen weiterführende Schulen besuchen, kommen auch nach Jahren gerne noch einmal zu Besuch. Immer wieder ergeben sich Kontakte und Gespräche mit Eltern. Die Gemeinde im Martin-Luther-Haus ist durch das Projekt in der Stadt bekannter geworden. Seit August 2010 ist im Martin-Luther-Haus eine Gemeinschaftsdiakonin für Kinder- und Jugendarbeit angestellt, die auch dieses Projekt mitgestaltet.

Kontakt: www.gemeinschaft-uetersen.de

Schülermittagessen in Herrenberg

Aus Liebe zu den Menschen in ihrer Umgebung haben Mitglieder der Süddeutschen Gemeinschaft in Herrenberg in den letzten Jahren verschiedene diakonische Arbeiten begonnen. Jeden Dienstag von 12.00 - 13.30 Uhr bietet die Süddeutsche Gemeinschaft ein Schülermittagessen für 300 bis 350 Schüler des benachbarten Schulzentrums an. Die Schüler können ohne Anmeldung ins Gemeindehaus kommen. Sie bezahlen 2,- Euro und dürfen dafür so viel essen und trinken, wie sie möchten. Etwa 30 Mitarbeiterinnen und Mitarbeiter sind dazu in der Küche und im Saal der Gemeinde beschäftigt. Zu den Schülern haben sie im Laufe der Jahre gute Beziehungen geknüpft.

Während das Schülermittagessen schon seit 2007 angeboten wird, ist eine weitere Betreuung von Schülern erst 2010 dazugekommen. Für z. Zt. drei Hauptschüler der 9. Klasse haben Gemeindeglieder in Zusammenarbeit mit dem Stadtjugendring Patenschaften übernommen, um sie auf ihrem schulischen und beruflichen Weg zu begleiten.

Ein weiteres Programm der Süddeutschen Gemeinschaft wird für eine ganz andere Gruppe von Menschen angeboten. Für Leute, die täglich am benachbarten Bahnhof sitzen, findet seit 2009 einmal im Monat ein Brunch statt. In der Regel kommen dazu ca. 25 Personen, meist Suchtkranke oder ehemalige Straffällige. Zehn Mitarbeiter bieten ihnen eine leckere Mahlzeit und Zeit zum Gespräch, außerdem gibt es jeweils eine Andacht. Sie machen die Erfahrung, dass sich die Gäste im Gespräch immer mehr öffnen.

Kontakt: www.gemeinschaft-herrenberg.de

Die Terrine in Landau

„Essen und mehr" ist das Motto des Vereins Terrine e. V. in Landau (Pfalz). Der eigenständige Verein nutzt Räume der Landauer Stadtmission und wird bei seiner Arbeit auch von dem Predigerehepaar und einigen Mitgliedern der Stadtmission unterstützt.

Montags, mittwochs und freitags kochen Teams aus je sechs Ehrenamtlichen für Menschen, die am Rande der Gesellschaft stehen: für die Armen, die Isolierten, für Frauen mit ihren Kindern und Männern, für Junge und Alte. An den anderen Tagen öffnet die Landauer Tafel und verteilt Lebensmittel an Bedürftige. Die Gäste bezahlen in der Terrine 1,- Euro pro Mahlzeit und haben hier einen Treffpunkt, an dem sie eine warme Mahlzeit einnehmen können. Die Terrine öffnet von 9.30 bis 13.00 Uhr, einige Menschen kommen bereits zum Frühstück. Sie kommen aus ihrer unfreiwilligen Isolation, treffen sich und pflegen Kontakte. An manchen Tagen werden 50 Essen ausgegeben, an anderen kommen nur 30 Personen zum Essen.
Eine offene missionarische Arbeit widerspricht den Satzungen des Terrine-Vereins und ist auch nicht erwünscht. Aber die Mitarbeiter der Stadtmission können zu den Gästen der Terrine Kontakt aufnehmen und ihnen da helfen, wo sie Hilfe brauchen. Dazu gehören Unterstützung bei Behördengängen, bei der Wohnungssuche und bei Umzug und Renovierung, Hausaufgabenhilfe und andere praktische Hilfeleistung. Dadurch gibt es immer wieder Gelegenheiten zum Angebot von Gebet, Gesprächen über den Glauben und Seelsorge.
Schon bevor die Terrine existierte, gab es einen monatlichen Gästegottesdienst mit anschließendem, gemeinsamem Essen. Dieser Gottesdienst wird inzwischen von 10 bis 15 Gästen aus der Terrine regelmäßig besucht. Dabei ist es nicht immer leicht, die unterschiedlichen Milieus und Menschentypen an einen Tisch und ins Gespräch zu bekommen. Dennoch haben sich schon manche Kontakte und Beziehungen zwischen Gemeindegliedern und Terrinegästen ergeben. Auch zu einem jährlichen Hoffest und der Weihnachtsfeier

in Zusammenarbeit mit Mitarbeitern aus der Terrine lassen sich viele gerne einladen. Die Mitarbeiter können nicht von großen Erfolgen berichten, aber vieles geschieht in Gesprächen und Gebeten, und sie hoffen, dass Gott die Saat aufgehen lassen wird.

Kontakt: www.egvpfalz.de/bezirke/landau/landau.htm

Die Burbacher Tafel

Die Burbacher Tafel ist ein Projekt der evangelischen Gemeinschaft Burbach e. V. Der Auslöser war eine Vorstandssitzung im Frühjahr 2006, die sich mit der Einrichtung diakonischer Dienste beschäftigte. Bereits einige Wochen später wurde von 16 Mitgliedern ein entsprechender Verein gegründet. Motivation für die Tafelarbeit ist die Liebe Gottes, und zwar zu *allen* Menschen! Die Gemeinschaft versteht Diakonie als die bestimmungsgemäße Lebens- und Wesensäußerung einer lebendigen Gemeinde in Einheit von Wort und Tat.

Mitte 2010 unterstützte die Burbacher Tafel einschließlich ihrer Zweigstelle im Hickengrund bis zu 370 Bedürftige, davon waren über 40 % Kinder. Die Tafelkunden sind überwiegend Hartz-IV- und Sozialhilfeempfänger, Rentner mit niedriger Rente sowie Asylbewerber. Die Lebensmittel werden einmal pro Woche an Kunden mit einem Tafelausweis abgegeben. Zum Ausstellen der Tafelausweise ist ein entsprechender behördlicher Bescheid erforderlich. Jeder Bedürftige muss einen symbolischen Kaufpreis von 0,50 Euro pro Lebensmittelausgabe bezahlen. Familien mit mehr als drei Kindern zahlen maximal 3,- Euro.

Rund 65 ehrenamtliche Mitarbeiter sorgen für einen reibungslosen Ablauf der Tafelarbeit. Sie rekrutieren sich überwiegend aus der Evangelischen Gemeinschaft und der evangelischen Kirchengemeinde. Einige gehören zur katholischen Kirche, sind Tafelkunden oder Menschen ohne christlichen Hintergrund. Zwischen den Mitarbeitern gibt es eine gute Zusammenarbeit. Die Mitarbeiter sind in eigenverantwortlichen Abteilungen organisiert.
Im Fahrdienst arbeiten ca. 25 Fahrer und Beifahrer mit, die in ca. 30 Geschäften im Umkreis von 60 km die gespendeten Lebensmittel abholen. Neben dem Einsatz von privaten PKWs steht ein Kühl-Lieferwagen zur Verfügung, ein zweiter soll in Kürze angeschafft werden. Das Sortieren und Verteilen der eingesammelten Lebensmittel wird von 35 Frauen vorgenommen. Für das

Ausstellen der Tafelausweise und Prüfen der Bedürftigkeit sind drei ehrenamtliche Mitarbeiter zuständig. In Büro und Verwaltung helfen neben der Tafelleitung zwei Frauen. Die Mitarbeiter sind ehrenamtlich tätig.

Zwischen den Tafelmitarbeitern und vielen Kunden hat sich ein sehr gutes Verhältnis entwickelt mit guten Gesprächen und Hilfsangeboten. Einige Mitglieder der Gemeinde kümmern sich speziell um Asylbewerber, die mit ihren vielfältigen Problemen im Asylbewerberheim in Burbach ankommen. Dabei müssen Sprachschwierigkeiten überwunden, die Menschen bei Behördengängen unterstützt sowie Kleidung und Ausrüstung beschafft werden und vieles andere mehr. Durch regelmäßige Besuche auch im Krankenhaus, durch Anteil nehmende Gespräche, gemeinsames Essen und Trinken, Einladen und Abholen in die Gottesdienste kann den Menschen geholfen werden, die Einsamkeit zu überwinden, und es kommt manchmal auch zu geistlichen Veränderungen. Es gibt viel Grund zur Dankbarkeit gegenüber allen Spendern, Fördermitgliedern, Sponsoren und den Geschäften, die kostenlos Lebensmittel zur Verfügung stellen, vor allem aber gegenüber Gott, der die Arbeit der Tafel begleitet und segnet.

Kontakt: www.burbacher-tafel.de; www.egburbach.de

8.6 Sonstige diakonische Initiativen

Kirchengemeinde Oberrahmede: Alle gehören dazu

Das diakonische Gesicht einer Gemeinde ändert sich nicht von jetzt auf gleich. In der Kirchengemeinde Lüdenscheid-Oberrahmede hat sich in den letzten 30 Jahren viel verändert.
Verschiedene Aktionen der Kirchengemeinde machen deutlich, wie sie diakonisches Handeln versteht.

Die Pfarrerin: „*Mitte der 80er Jahre begannen wir mit einem Kaffeetrinken nach dem Gottesdienst, zuerst mit Tischen und Stühlen, später an Stehtischen, um einladender zu wirken. Hier konnte die Gemeinschaft der Gemeinde weiter wachsen.*
Als der Verein für Körper- und Mehrfachbehinderte auf uns zukam und fragte, ob unsere Jugend eine Disco für Rollstuhl fahrende Kinder und Jugendliche ausrichten könnte, waren wir sofort bereit dafür. Es wurde eine gute Tradition daraus, die bis heute Bestand hat. Als dadurch die erste Jugendliche im Rollstuhl in den kirchlichen Unterricht kam, gehörte sie zu uns und hat im Gottesdienst genauso den Klingelbeutel eingesammelt und Stuhlkissen verteilt wie die anderen. Sie bekam jemanden, der ihr dabei assistierte. Bei der Konfirmanden-Freizeit haben wir Rolli-Wettrennen mit ihrem Rollstuhl und Toilettenstuhl gemacht und hatten großen Spaß. Später in unserer Jugendgruppe hat sie wie die anderen in der Gottesdienstgestaltung Teile übernommen trotz spastischer Sprache: einen Satz in der Begrüßung, die Einleitung ins Fürbittengebet, den Halleluja-Vers nach der Schriftlesung.
Wir wollten eine Gemeinde sein, in der man Fehler machen darf, wo man sich beieinander entschuldigen muss, wo man nicht so tun muss, als ob man alles im Griff hat, wo erlöste Sünder anstatt verkrampfte Halbengel miteinander leben.

In den 90er Jahren geschahen zwei Dinge gleichzeitig: Wir hatten eine neue innere Sehnsucht nach Gebet und es ergaben sich verschiedene Kontakte zu Obdachlosen. Unsere Anbetungsgottesdienste, später mehrere kleine Gebetsgruppen und regelmäßige Gebetstreffs entstanden, noch später unsere Gebetskapelle. Ohne Gebet geht nichts. Denn was sich alles entwickelte, sehen wir nicht als unser Verdienst an, sondern als Geschenk Gottes.
Wir sind mit der Obdachlosigkeit in Berührung gekommen, einer großen Not in unserer Kleinstadt Anfang der 90er Jahre. Wir haben diese Not gesehen und gründeten den Obdachlosen-Freundeskreis, arbeiteten Hand in Hand mit

Hauptamtlichen, mit unserer Stadtverwaltung und allen, die sich engagierten. Und ganz langsam über viele Jahre hin, wuchs ein Miteinander von Obdachlosen und Gemeinde. Die Entdeckung des Satzes von Karl Heinz Zimmer, Willow Creek: ‚Wir müssen erkennen, dass die problembeladenen Menschen unserer Gemeinde nicht unsere Problemfälle sind, sondern unsere Gemeindeglieder', haben wir dabei umgesetzt.

Nach 20 Jahren ist ein Gottesdienst gewachsen, in den man Menschen mit jeglichem Aussehen problemlos einladen kann, der aber auch ein Ort ist, an dem sich Ärzte, Firmenchefs und Hartz-IV-Empfänger wohlfühlen und gerne kommen, ein Ort, an dem psychisch Kranke und die sogenannten Behinderten dazugehören; eine Gemeinde, in der wir in die vielen Aufgaben ständig und stets die Menschen mit einspannen und sie wirklich brauchen, im und rund um das ‚Kirchenhaus', das wir inzwischen an unsere Kirche angebaut haben. Wo wir gemeinsam leben, wirken, arbeiten, feiern und lernen, ‚Normalos' und Merkwürdige. Wo praktische Hilfe gegeben und erfahren wird. Wo der Obdachlosen-Freundeskreis zur großen Familie geworden ist. Es ging langsam, und vieles ist immer weiter spannend, herausfordernd, mühevoll, aufregend und nervenaufreibend und zum Staunen, zum Lachen, zum Schreien, zum Danken. Ein buntes Gemisch aus allem. Wir stecken weiter mitten drin. Dem HERRN die Ehre!"

Kontakt: www.kirche-oberrahmede.de

Alternativen zur Kriminalität in Essen-Borbeck

Die Evangelisch-Freikirchliche Gemeinde Borbeck „Am Weidkamp", eine Brüdergemeinde mit rund 170 Mitgliedern, ist auf vielfältige Weise diakonisch aktiv. Für den Pastor der wachsenden Gemeinde gehören sozial-diakonische Arbeiten und Mission eng zusammen, denn „wenn die Gemeinden nicht aus ihren Löchern herauskommen, werden sie sterben".

Die „Gefährdetenhilfe Borbeck e. V." ist der älteste Verein, den Gemeindeglieder gegründet haben. Seit 1996 treffen sich jeden Mittwoch ehrenamtliche Mitarbeiter mit Inhaftierten in der Justizvollzugsanstalt Gelsenkirchen zu Gesprächsrunden. Weil die Raumkapazitäten und die Zahl der zur Verfügung stehenden Mitarbeiter begrenzt sind, kann nur ein Teil der interessierten Inhaftierten teilnehmen. Sie betrachten die Gruppe als Vorbereitung auf das

Leben nach dem Gefängnis. Um Haftentlassene nicht ins Bodenlose stürzen zu lassen, arbeitet die Gefährdetenhilfe mit einem von Sozialpädagogen geleiteten Betreuungsbüro zusammen. Ziel der Arbeit ist es, Menschen zu helfen, dass sie eigenverantwortlich ein Leben nach der Kriminalität und ohne Drogen führen können.

In einem alten Bahnhof hat der Verein „Zug um Zug e.V." im Jahr 2000 sein Domizil gefunden. Um der Jugendkriminalität in Borbeck präventiv entgegenzuwirken, betreibt er eine offene Jugendarbeit. Dazu gehören Freizeitangebote speziell für Jugendliche mit ausländischen Wurzeln und ein Kulturprogramm, durch das auch Bürger angesprochen werden, die sich nicht in eine Kirche wagen würden.

Der Verein „Die Alte Schmiede gGmbH" wurde 2003 gegründet, um Jugendlichen ohne Schulabschluss, ehemaligen Häftlingen, Ex-Junkies und „trockenen" Alkoholiker den Weg ins Berufsleben zu eröffnen und die Botschaft des Evangeliums anzubieten. Elf Lehrlinge haben seit dem Start ihre Lehre erfolgreich durchlaufen und eine Anstellung im ersten Arbeitsmarkt gefunden. Die Autowerkstatt wird getragen von den Vereinen „Gefährdetenhilfe Essen-Borbeck" und „Zug um Zug" sowie dem „Weigle-Haus", einem freien Werk innerhalb der Evangelischen Kirche im Rheinland. Anfangs brachten vor allem befreundete Christen ihre Autos in die Werkstatt. Aber inzwischen kommen viele Kunden, die keine Beziehung zur Gemeinde haben. Pro Tag gehen rund zehn größere Aufträge ein und die Arbeit trägt sich inzwischen selbst.

Kontakt: www.gemeinde-am-weidkamp.de

Segen für die Stadt in Stuttgart

„Was würden die Menschen in deinem Viertel sagen, wenn es den Jesustreff dort nicht gäbe?" Mit dieser Frage wurde Ende 2008 die Stuttgarter Jugendkirche „Jesustreff" konfrontiert. Sie würden vielleicht bemerken, dass es sonntags wieder rund um die Martinskirche Parkplätze gibt. Die Jesustreffler wollten aber eine Gruppe von Christen sein, die sich nicht um sich selbst dreht, sondern die für andere ein Segen ist. Deshalb haben sie sich auf den Weg gemacht, um Gutes zu tun, statt nur darüber zu predigen.

Anfang 2009 trafen sich viele interessierte Jesustreffler, um sich über die Vorstellungen und Ideen zu diesem Thema auszutauschen. Nach anfängli-

chem Brainstorming, einem kleinen Impuls und Gebet zogen dann vier Gruppen los, um „etwas zu tun“: Eine Gruppe verteilte heißen Tee und Kekse, was bei der Kälte im Januar sehr gut ankam. Die nächste Gruppe verschenkte in der U-Bahn Süßigkeiten und andere übergaben am Hauptbahnhof Tulpen. Ziel dieser Aktion war es, die Hemmungen, Ängste und Befürchtungen abzubauen, die bei den Teilnehmenden vorhanden waren. Die Mitarbeiter sollten erleben, dass es nicht darum geht, den Leuten was aufzuschwatzen, sondern dass es „reicht“, einfach Gutes zu tun. Es sollte gezeigt werden, dass so Gespräche entstehen können, in denen ungezwungen mit den Passanten geplaudert wird. Die meisten Mitarbeiter erlebten diese Aktion als sehr positiv und befreiend.
Die Zeit bis zum nächsten Treffen im Februar wurde genutzt, um Kontakte zu knüpfen, zu recherchieren und vorauszudenken. Die vielfältigen Brainstorming-Ideen haben dazu angeregt, zu verschiedenen Personen Kontakt aufzunehmen (z. B. Pfarrerin, Krankenhäuser, ...). Aus diesen Kontakten und der Begeisterung der Mitarbeiter, Segen sein zu können, entstanden verschiedene „Segen-für-die-Stadt-Gruppen“ (SfdS), die sich selbst organisieren und zu unterschiedlichen Zeiten aktiv werden. Alles unter dem Motto: Jesus gemäß handeln, Segen sein, nicht lange reden, sondern aktiv werden.

Die Mitarbeiter der Gruppe „SfdS-Arme und Obdachlose“ helfen hauptsächlich in zwei Bereichen mit. Im Verein „Helfende Hände“ treffen sie sich an Nachmittagen mit interessierten Obdachlosen zum Reden, Einkaufen oder um einfach nur da zu sein. Andere helfen im Tafelladen Stuttgart und füllen Regale auf, holen Lebensmittel von verschiedenen Einzelhändlern ab und helfen beim Verkauf. Dabei entstehen sehr bereichernde Kontakte.
Die Mitarbeiter von „SfdS-Kinder“ unterstützen Familien (viele mit Migrationshintergrund), indem sie Kinder betreuen und kostenlose Nachhilfe geben. Im Sommer wurde ein Kindersommerfest veranstaltet, an dem über 100 Kinder (teilweise mit Eltern) teilnahmen.
Aber nicht alles läuft so leicht. Einige Mitarbeiterinnen wollten sich mit Frauen aus einem Frauenhaus treffen, mit ihnen Eis essen gehen und Workshops wie „Kleider selbst nähen“ anbieten. Aber der Funke sprang nicht über und das Projekt musste auf Eis gelegt werden.

Merkt die Stadt nun, dass es den Jesustreff gibt? Vielleicht noch nicht jeder in der Stadt. Aber die, denen mit den einzelnen Projekten und durch die Gruppen geholfen wird, merken es - das ist auf jeden Fall ein Anfang. Zudem erleben so die vielen jungen Christen im Jesustreff, die sich bei SfdS engagieren, wie sie ihr Christsein praktisch leben und dem Vorbild Jesu folgen können. Denn es geht um praktische Hilfe, um das aufmerksame Hinhören und Sich-Zeit-Nehmen. Alles mit einem Ziel, den Segen Gottes weiterzugeben. Wenn damit auch noch Menschen für Gott gewonnen werden, ist das umso besser. Doch in erster Linie soll dieser Segen eine praktische Hilfe sein, ein Segen für die Stadt.

Kontakt: www.jesustreff.net

Aktion „Gemeinde hilft" in Niederkaufungen

Die Kirchengemeinde Niederkaufungen bei Kassel hat das Ziel, sich der Not in der Welt und vor Ort zu stellen. Angeregt von Willow Creek und zwei italienischen Gemeinden, zum einen Waldenser, die eine schlanke Diakonie ohne Hauptamtliche entwickeln, zum anderen die römischen Gemeinde „Sant' Egidio", suchte die Gemeinde einen Weg, Menschen im Ort in praktischen Fragen zu helfen, und zwar möglichst ehrenamtlich.

Seit 2009 bietet die Aktion „Gemeinde hilft" Menschen, die in unterschiedlichen Notsituationen sind, praktische Hilfe an. Dazu gehören Mithilfe bei Umzügen und Behördengängen, technische Hilfsleistungen im Haus, Beratung, Hilfe in Notsituationen, Vermittlung von Kinderbetreuung usw. Vier Frauen aus der Gemeinde koordinieren die Aktion und stehen als Ansprechpartnerinnen zur Verfügung, an die sich Menschen, die Hilfestellungen brauchen, wenden können. Bei einer Umfrage unter den Gemeindegliedern haben sich etwa 25 Personen gemeldet, die bei unterschiedlichen Problemen zur Verfügung stehen. Die Koordinatorinnen stellen den Kontakt zwischen den Hilfesuchenden und Helfern her. Das Team der vier Ansprechpartnerinnen trifft sich monatlich mit dem Pfarrer, um die angefallenen Aufgaben zu besprechen und sich gegenseitig zu beraten. Vor dem Start der Aktion informierte sich die Gemeinde intensiv über alle Hilfsangebote im diakonischen Bereich, Selbsthilfegruppen, Beratungsstellen usw. Je nach Aufgabe wird dann der Kontakt gesucht oder Hilfesuchende weitervermittelt.

Während es relativ einfach war, Personen zu finden, die bereitwillig mitarbeiten, ist es schwieriger, den Kontakt mit Menschen in Notsituationen aufzubauen. An dieser Stelle läuft vieles über persönliche oder nachbarschaftliche Kontakte, aber auch über Kindergärten und Grundschule. Es wird überlegt, inwieweit die Öffentlichkeitsarbeit ausgeweitet werden kann, ohne falsche Erwartungen zu wecken.

Die Aktion ist ein recht einfacher Weg, Menschen in die Arbeit zu integrieren und konkret zu helfen. Viele Menschen, denen geholfen wurde, waren sehr überrascht, dass sich eine Kirchengemeinde so den Menschen zuwendet. Manche haben daraufhin durch Gottesdienst, Kindergruppen usw. näheren Kontakt zur Gemeinde aufgenommen.

Kontakt: www.ev-kirche-niederkaufungen.de

Nachbarschaftshilfe in Schwetzingen

Seit die Nachbarschaftshilfe (NBH) in Schwetzingen 2002 gegründet wurde, hat sie sich enorm ausgeweitet und betreut heute mit 63 Mitarbeitern etwa 150 Personen. Aufgrund der Bitte von Senioren um ein entlastendes Hilfsangebot im häuslichen Bereich wurde damals vom Pfarrer der evangelischen Kirchengemeinde und einer Mitarbeiterin der Landeskirchlichen Gemeinschaft gemeinsam das Konzept entwickelt. Träger des Projekts, das auch Mitglied im Diakonischen Werk Baden ist, ist die evangelische Kirchengemeinde in Zusammenarbeit mit der katholischen Kirchengemeinde und der Landeskirchlichen Gemeinschaft.

Die NBH hat sich zum Ziel gesetzt, alte, behinderte und kranke Menschen sowie Familien in Not, egal welcher Konfession, zu unterstützen. Das Ziel dabei ist, dass diese Menschen möglichst lange in ihrem gewohnten Umfeld wohnen bleiben können bzw. Familien in Problemsituationen schnell Hilfe erfahren. Die Mitarbeiter übernehmen hauswirtschaftliche Versorgung und Betreuung (Einkauf, Hilfe im Haushalt, Spaziergänge, Begleitung zum Arzt und ins Krankenhaus, Besorgungen, Behördengänge und Hilfe beim Ausstellen von Anträgen, Unterstützung bei der Versorgung von Kindern usw.). Pflegerische Tätigkeiten werden nicht übernommen.

Die rund 60 Mitarbeiter sind zwischen 25 und 68 Jahre alt. Sie werden in die für sie passende Einsatzstelle vermittelt und auch supervisorisch für die Dauer des Einsatzes begleitet. Drei- bis viermal jährlich finden kostenlose Fortbildungsveranstaltungen und Seminare statt. Sie sind als Ehrenamtliche (bürgerschaftlich Engagierte) mit Aufwandsentschädigung tätig. Klienten wird pro Einsatzstunde eine Pauschale (z. Zt. 9,60 Euro) berechnet. Die Einsätze sind zwar nicht kostenlos, aber kostengünstig. Mit der Pauschale

werden die Aufwandsentschädigungen, die Versicherung für die Mitarbeiter, Fahrt- und Verwaltungskosten sowie Schulungs- und Seminarkosten gedeckt. Einsätze, die nicht gezahlt werden können, werden durch Spenden finanziert. Oft übernehmen auch das Sozialamt oder Jugendamt bei finanziellen Notlagen und Bedürftigkeit die Kosten.
Geleitet wird die NBH von einer hauptamtlichen Kraft mit einer halben Stelle. Zusätzlich besteht eine Kooperation mit einer examinierten Fachkraft und Gestalttherapeutin, die mitverantwortlich ist für Schulungen und Fortbildungen zu bedarfsorientierten Themen.

2005 wurde das „Forum Pflegende Angehörige" gegründet, an dem inzwischen neben der NBH zehn weitere Einrichtungen mitarbeiten. Sehr oft werden gemeinsame Hausbesuche und Erstgespräche durchgeführt, um gezielt helfen zu können. Im Rahmen des Forums gibt es einen Gesprächskreis für pflegende Angehörige und zwei- bis dreimal im Jahr werden Vorträge zu speziellen Themen in diesen Lebenslagen angeboten, z. B. Schmerz verstehen, psychische Erkrankungen im Alter, Depressionen als Begleiterscheinung, Trauerrituale.
Immer mehr wird auch die häusliche Betreuung demenziell erkrankter Menschen zum Schwerpunkt. Dazu werden die Mitarbeiter gezielt geschult, um kompetent Hilfe zu leisten. Gemeinsam mit der Sozialstation wurde im September 2009 das Café Vergissmeinnicht gegründet, eine wöchentliche Betreuungsgruppe für ca. 12 an Demenz erkrankter Menschen. Dadurch sollen die Angehörigen entlastet werden. Auch dabei sind Mitarbeiter der NBH im Einsatz.

Als die Arbeit begonnen wurde, ahnte niemand, dass sie in wenigen Jahren solche Ausmaße annehmen würde. Viele Menschen sind für die Hilfe und Unterstützung sehr dankbar, denn dadurch kann manchmal ein Aufenthalt im Pflegeheim verzögert oder verhindert werden. Bei vielen entsteht ein Stück neue Lebensqualität, die durch die Pflege eines Angehörigen oder eigene altersbedingte Gebrechen verloren gegangen war. Mitglieder der beteiligten Gemeinden sind als Mitarbeiter beteiligt und beten für diese Arbeit. Durch die gemeinsame Arbeit an dem Projekt sind die Landeskirchliche Gemeinschaft und die Kirchengemeinde enger zusammengewachsen. Bei den jüngeren Gemeindemitgliedern ist durch diese Arbeit das Älterwerden mehr ins Bewusstsein gerückt.

Kontakt: www.sozialstation-schwetzingen.de/01/nachbarschaftshilfe.html

Freie evangelische Gemeinde Sinn: „Wir wollen dienen"

Mitglieder der Freien evangelischen Gemeinde im mittelhessischen Sinn stellen ihrer kommunalen Gemeinde jede Woche 40 Arbeitsstunden kostenlos zur Verfügung, um am Gemeinwohl orientierte Arbeiten zu übernehmen. Der Bürgermeister Hubert Koch ist begeistert. Das Angebot passte für die Gemeinde, weil es im Bauhof akute Personalnot gab, nachdem fünf Mitarbeiter - darunter drei als Teil von Beschäftigungsprogrammen - ausgeschieden sind. Die Freie evangelische Gemeinde Sinn besteht aus 40 Mitgliedern und rund 80 Gottesdienstbesuchern. Die Gemeinde - inspiriert von den Erfahrungen der US-amerikanischen Willow-Creek-Gemeinde - will ihrer rund 6500 Einwohner zählenden Kommune etwas Gutes tun. Das Angebot ist keine einmalige Aktion, sondern die Gemeindemitglieder wollen das ganze Jahr über aktiv sein. An jedem Samstagvormittag reinigen Gemeindemitglieder nun die Grünanlagen von Unkraut. Sie haben auch eine Patenschaft für einen Spielplatz übernommen, in dem sie neben den anfallenden Gartenarbeiten auch mit einfachen Renovierungsarbeiten beschäftigt sind. Die Aktion stößt im ganzen Ort auf positive Anerkennung. Auch Gäste bringen sich inzwischen mit ein. In einer Pressemitteilung erklärte der Bürgermeister: „Wir freuen uns über dieses bürgerschaftliche Engagement und sind sehr dankbar dafür."[87]

Kontakt: www.feg-unterwegs.de

Tauschtreff in Wolfenbüttel

Was tun, wenn die Gemeinde immer kleiner wird, die Kinderarbeit zu Ende geht, weil kein Nachwuchs mehr von jungen Ehepaaren da ist und sich Gemeindeglieder nach einer größeren Gemeinde in der Nähe umorientieren? Diese Frage stellten sich Mitarbeiter der Baptistengemeinde in Wolfenbüttel. Sie suchten neue, zeitgemäße Formen, um Menschen für Jesus und die Gemeinde zu interessieren. Außerdem wollten sie in der schnelllebigen Gesellschaft Gelegenheit geben, zur Ruhe zu kommen, Kontakte zu knüpfen, Einsamkeit zu überwinden und dabei auch nützliche und schöne Gegenstände denen zukommen zu lassen, die sich wenig leisten können. Weil ein Raum zur Straße hin nicht mehr für die Kindergruppe benötigt wurde, kam man auf die Idee, einen Laden als Tauschtreff und Begegnungsstätte einzurichten. Nachdem die Initiatorin die Gemeindeleitung überzeugt und Unterstützer gefunden hatte, wurden die Räume renoviert, mit Regalen und gemütlichen Sitzgelegenheiten ausgestattet und Ende 2008 der neuen Bestimmung übergeben.

Die Idee des Tauschtreffs ist es, ungenutzte Dinge gegen interessante Sachen einzutauschen, z. B. eine Musik-CD gegen ein funktionierendes Bügeleisen oder Spielzeug gegen ein gutes Buch. Daneben gibt es Gelegenheit, andere Menschen zu treffen und ins Gespräch zu kommen. Dazu wird kostenlos Kaffee, Tee, Kekse oder selbstgebackener Kuchen angeboten. Der Tauschtreff ist dreimal wöchentlich für jeweils zwei Stunden geöffnet.

Die Besucher sind überwiegend Frauen ab 30 Jahren. Wenn nach mehreren Besuchen Vertrauen zu Mitarbeitern gewachsen ist, erzählen sie aus ihrem Leben, über Kinder, Partnerschaft und Arbeit. Sie reflektieren sich und suchen einen Zuhörer und Verständnis. Auch Mitglieder der Gemeinde nutzen den Tauschtreff als Treffpunkt. Durch regelmäßige Terminveröffentlichungen in der Zeitung wird auf den Tauschtreff hingewiesen, aber das persönliche Weitersagen und Einladen von Bekannten und Freunden ist die beste Werbung.

Sechs Gemeindeglieder sind als feste Mitarbeiter dabei. Andere sind „Springer“, die im Krankheitsfall Vertretung machen. Obwohl die Gemeinde relativ klein ist, kann diese Aufgabe neben den anderen Gemeindeaktivitäten bewältigt werden. Inzwischen ist der Tauschtreff immer bekannter geworden und hat sich zu einer festen Einrichtung entwickelt. Er ist ein Anlaufpunkt für kontaktsuchende Menschen geworden und kann eine Brücke zu Gemeindeveranstaltungen sein. Durch die Arbeit im Tauschtreff sind auch einige Frauen zum Frühstückstreffen oder in den Seniorenkreis gekommen. Manchmal gibt es auch die Möglichkeit über den eigenen Glauben zu sprechen oder ein christliches Buch weiterzugeben.

Kontakt: www.christus-gemeinde.net

Die Tür öffnen und neue Schritte wagen

Dieses Buch hat mit einer biblischen Begründung des diakonischen Auftrags begonnen und endet mit Beispielen von Gemeinden, die diakonisch aktiv geworden sind. Damit werden zwei Ziele deutlich:

1. *Weil es nicht darum gehen kann, einer christlichen Mode zu folgen, möchte dieses Buch dazu anregen, einen neuen Blick auf den Auftrag der Gemeinde zu werfen.* Glaube ist nicht nur eine individuelle Angelegenheit, bei der es um die eigene persönliche Beziehung zu Christus geht, sondern muss auch gemeinsam gelebt werden. Ist die Gemeinde aber ein Klub der Geretteten, die ihre Gemeinschaft pflegen und auch andere dazu einladen, oder hat sie den Auftrag, in die Welt hinein zu wirken und ihre Umgebung zu verändern? Wie ich im Kapitel 1 gezeigt habe, glaube ich, dass Gemeinde Gottes Volk ist, in dem sein Reich sichtbar wird, Leib Christi, durch den er der Welt dient, und Tempel des Heiligen Geistes, der zur Anbetung Gottes einlädt. Daher gehört es zu ihrem Auftrag, sich den Bedürfnissen der Menschen in ihrem Umfeld zuzuwenden. Gemeinden müssen sich mit diesen biblischen Grundlagen neu auseinandersetzen, um nachhaltig ihren Auftrag wahrzunehmen.
2. *Aber wir dürfen nicht in theologischen Überlegungen steckenbleiben. Der Auftrag der Gemeinde muss unter den örtlichen Bedingungen in der Gemeinde und in ihrem Umfeld verwirklicht werden.* Wie dies in ganz konkreten Situationen von sehr unterschiedlichen Gemeinden geschieht, wird im letzten Teil dieses Buches gezeigt. Dabei wurden bewusst Beispiele sowohl aus den Kirchengemeinden als auch aus Landeskirchlichen Gemeinschaften und aus Freikirchen gesucht und vorgestellt.

Ich vermute, dass die meisten Leser diesem Ausgangs- und Zielpunkt zustimmen werden. Wer die Bibel liest, wird immer wieder feststellen, dass dem Gott der Liebe die Armen, Unterdrückten und Benachteiligten besonders am Herzen liegen, und Gottes Volk aufgefordert ist, seine Liebe mit allen Menschen zu teilen. Auch die Bespiele von Gemeinden, die sich den Menschen in ihrer Umgebung zuwenden und auf ihre Bedürfnisse eingehen, werden die meisten Leser erfreut zur Kenntnis nehmen. Der Ausgangs- und Zielpunkt dieses Buches ist kein Problem, aber dazwischen liegen die Schritte, die Mut und Initiative erfordern. Vielleicht wünschen Sie sich auch, so wie ich, dass mehr von der lebensverändernden Kraft des Heiligen Geistes spürbar würde und die christlichen Gemeinden mehr Bedeutung für die Menschen in unserer Gesellschaft hätten. Trotzdem fällt es uns oft schwer, neue Schritte zu wagen und auf die Bedürfnisse der Menschen einzugehen. Viele unserer Mitbürger scheinen nichts von Glauben zu halten, und ihr Lebensstil unterscheidet sich von unserem in manchen Dingen sehr deutlich. Da ist es einfacher und bequemer, unser gewohntes Gemeindeprogramm mit Gottesdienst, Hauskreisen oder Bibelstunde, Chor, Kinder- und Jugendarbeit weiterzuführen, statt sich auf fremde Menschen und neue Bedürfnisse und Ideen einzulassen. Aber werden wir damit unserem Auftrag gerecht, und sind wir die Gemeinde, die Jesus im Sinn hatte? Obwohl ich diese Hemmungen auch persönlich kenne, halte ich es für notwendig, dass wir unsere Gemeinden öffnen und uns den Menschen zuwenden. Wie Jesus in diese Welt kam und unter den Menschen wohnte, müssen auch wir den Weg zu den Menschen finden, ihre Nöte und Bedürfnisse kennenlernen, um ihnen das Evangelium in Tat und Wort nahebringen zu können.

Ziel dieses Buches ist es, konkrete Schritte zu zeigen, wie Gemeinden die „Welt", ihre Umgebung, bewusst wahrnehmen können, um zu erkennen, welchen speziellen Auftrag Gott für sie in dieser Umgebung hat. Die vorgestellten Vorgehensweisen und Methoden sind kein festes Programm, das genau so abgearbeitet werden müsste, sondern Anregungen, sich auf kreative Weise mit dem Auftrag der Gemeinde, den Bedürfnissen der Menschen in ihrem Umfeld und möglichen Hilfsangeboten zu beschäftigen.
Wie im geschichtlichen Rückblick gezeigt wurde, geht es bei der diakonischen Verantwortung von Gemeinden nicht um eine neue Idee, sondern um ein Anliegen, das auf Jesus und die Apostel zurückgeht und im Laufe der Geschichte immer wieder aufgenommen wurde. Es geht nicht darum, Evangelisation durch soziales Handeln zu ersetzen, sondern den Menschen Gottes gute Botschaft in einer Weise zu bezeugen, die sie verstehen. Heute sind wir in einer einzigartigen Situation mit neuen Herausforderungen und Möglichkeiten, die unsere Gemeinden wahrnehmen und nutzen müssen. Dieses Buch möchte dazu motivieren und Anregungen zur Praxis geben. Jetzt sind Ihr Mut und Ihre Initiative gefordert, gemeinsam mit anderen aus Ihrer Gemeinde neu auf Gott und auf die Menschen zu hören und dann loszugehen und zu handeln.

„Durch den Heiligen Geist Gottes haben wir neues Leben,
und das soll jetzt auch bei uns sichtbar werden" (Gal 5,25, HfA).

Anhang

Einige Bibelstellen zu Armut, Reichtum, Gerechtigkeit und Diakonie

Gott identifiziert sich mit den Armen und Geringen

5. Mose 10,18 ff.	Der Herr schafft Recht den Waisen und Witwen und hat die Fremdlinge lieb.
5. Mose 26,6-9	Der Herr erhörte unser Schreien und sah unser Elend.
Hiob 5,8-16	Er hilft dem Armen vom Schwert.
Hiob 34,17-19	Er achtet den Vornehmen nicht mehr als den Armen.
Ps 10,14	Du bist der Waisen Helfer.
Ps 12,6	Weil die Elenden Gewalt leiden, will ich jetzt aufstehen.
Spr 14,31	Wer dem Geringen Gewalt tut, lästert dessen Schöpfer.
Spr 17,5	Wer den Armen verspottet, verhöhnt dessen Schöpfer.
Spr 19,17	Wer sich des Armen erbarmt, der leiht dem Herrn.
Spr 22,22 f.	Der Herr wird [...] ihre Bedrücker bedrücken.
Jes 41,17.	Der Herr will die Elenden und Armen erhören.
Jes 61,1	Er hat mich gesandt, den Elenden gute Botschaft zu bringen.
Jer 9,23	Der Herr übt Barmherzigkeit, Recht und Gerechtigkeit.
Am 5,23 f.	Es ströme aber das Recht und die Gerechtigkeit.
Mt 25,40	Was ihr getan habt [...] meinen geringsten Brüdern, das habt ihr mir getan.
Lk 1,52 f.	Die Hungrigen füllt er mit Gütern und lässt die Reichen leer ausgehen.
Lk 4,18 f.	Er hat mich gesalbt, zu verkündigen das Evangelium den Armen.
Lk 6,20 f.	Selig seid ihr Armen; denn das Reich Gottes ist euer.
Lk 7,22	Blinde sehen, [...] Armen wird das Evangelium gepredigt.
2. Kor 8,9	Obwohl er reich ist, wurde er arm um euretwillen.
Jak 2,5	Gott erwählt die Armen in der Welt.

Gebote zum Schutz der Armen

2. Mose 22,20-26	Die Fremdlinge, [...] Witwen und Waisen sollst du nicht bedrücken.
3. Mose 19,9 f.	[...] nicht Nachlese halten, [...[sondern es dem Armen und Fremdling lassen.
3. Mose 19,33 f.	Den Fremdling [...] sollt ihr nicht bedrücken.
3. Mose 25,8-23	Das fünfzigste Jahr soll ein Erlassjahr sein.
5. Mose 15,9 f.	[...] dass du deinen armen Bruder nicht unfreundlich ansiehst und ihm nichts gibst.
5. Mose 15,11	[...] dass du deine Hand auftust deinem Bruder, der bedrängt und arm ist.
5. Mose 26,12	[...] den Zehnten deines Ertrages [...] dem Fremdling, der Waise und der Witwe geben.

5. Mose 27,19	Verflucht sei, wer das Recht des Fremdlings, der Waise und der Witwe beugt!
Neh 5,11	Gebt ihnen ihre Äcker, Weinberge, Ölgärten und Häuser zurück und erlasst ihnen die Schuld.
Spr 31,8 f.	Tu deinen Mund auf für die Stummen und für die Sache aller, die verlassen sind.
Jes 1,16 f.	Helft den Unterdrückten, schafft den Witwen und Waisen Recht.
Jes 58,6 f.	Brich dem Hungrigen dein Brot, und die ohne Obdach sind, führe ins Haus.
Jer 7,6	Keine Gewalt übt gegen Fremdlinge, Waisen und Witwen.
Jer 22,3	Schafft Recht und Gerechtigkeit und bedrängt nicht die Fremdlinge, Waisen und Witwen.
Mi 6,8	[...] Liebe üben und demütig sein vor deinem Gott.
Sach 7,10	Tut nicht Unrecht den Witwen, Waisen, Fremdlingen und Armen.
Mt 5,42	Gib dem, der dich bittet, und wende dich nicht ab von dem, der etwas von dir borgen will.
Lk 3,11	Wer zwei Hemden hat, der gebe dem, der keines hat; und wer zu essen hat, tue ebenso.
Lk 10,25 ff.	Gleichnis vom barmherzigen Samariter
Lk 12,33	Verkauft, was ihr habt, und gebt Almosen.
Apg 20,35	[...] sich der Schwachen annehmen. [...] Geben ist seliger als nehmen.
1. Thess 4,6	Niemand übervorteile seinen Bruder im Handel.
Jak 4,17	Wer weiß, Gutes zu tun, und tut's nicht, dem ist's Sünde.
1. Joh 3,17	[...] und schließt sein Herz vor ihm zu, wie bleibt dann die Liebe Gottes in ihm?

Armut und Reichtum

Rut 1,1	Zu der Zeit, als die Richter richteten, entstand eine Hungersnot im Lande.
Spr 6,6-11	Schlafe noch ein wenig, [...] so wird dich die Armut übereilen.
Spr 30,8 f.	Armut und Reichtum gib mir nicht; lass mich aber mein Teil Speise nehmen.
Am 2,6 f.	[...] will ich sie nicht schonen, weil sie die Unschuldigen und Armen [...] verkaufen.
Am 5,11 f.	Ihr sollt nicht in den Häusern wohnen, die ihr gebaut habt.
Mk 10,17-31	Wie schwer werden die Reichen in das Reich Gottes kommen.
Mt 6,20	Sammelt euch Schätze im Himmel.
Lk 8,1-3	Einige Frauen, [...] die ihnen dienten mit ihrer Habe.
Lk 12,16-21	Du Narr! [...] der sich Schätze sammelt und ist nicht reich bei Gott.
Lk 16,19 ff.	Gleichnis vom reichen Mann und armen Lazarus.
Lk 19,8	Die Hälfte von meinem Besitz gebe ich den Armen.
Apg 9,36	Tabita [...] tat viele gute Werke und gab reichlich Almosen.
Apg 10,2	Kornelius [...] gab dem Volk viele Almosen.
Eph 4,28	[...] schaffe mit eigenen Händen das nötige Gut, damit er dem Bedürftigen abgeben kann.
Kol 3,5	[...] und die Habsucht, die Götzendienst ist.
2. Thess 3,10	Wer nicht arbeiten will, der soll auch nicht essen.

1. Tim 6,10	Denn Geldgier ist eine Wurzel alles Übels.
1. Tim 6,17-19	[...] nicht hoffen auf den unsicheren Reichtum, [...] gerne geben, behilflich seien.
Jak 4,13-16	[...] wollen Handel treiben und Gewinn machen, und wisst nicht, was morgen sein wird.
Jak 5,1-6	Ihr Reichen: Weint und heult über das Elend, das über euch kommen wird.

Jesus kam, um zu dienen

Mt 4,8-10	Du sollst anbeten den Herrn, deinen Gott, und ihm allein dienen.
Mt 8,17	Er hat unsre Schwachheit auf sich genommen, und unsre Krankheit hat er getragen.
Mt 20,28	Nicht, dass er sich dienen lasse, sondern dass er diene.
Lk 22,26	Der Größte unter euch soll sein wie der Jüngste und der Vornehmste wie ein Diener.
Röm 15,8	Christus ist ein Diener der Juden geworden.
2. Kor 8,9	Obwohl er reich ist, wurde er doch arm um euretwillen.
Phil 2,7	Er entäußerte sich selbst und nahm Knechtsgestalt an.

Diakonie in der neutestamentlichen Gemeinde

Joh 13,34	Ein neues Gebot [...], dass ihr euch untereinander liebt.
Apg 2,44	Sie waren beieinander und hatten alle Dinge gemeinsam.
Apg 4,34 ff.	Wer von ihnen Äcker oder Häuser besaß, verkaufte sie.
Apg 6,1 ff.	[...] weil ihre Witwen übersehen wurden bei der täglichen Versorgung.
Apg 11,29	[...] den Brüdern in Judäa eine Gabe zu senden.
Röm 15,26	[...] Gabe für die Armen unter den Heiligen in Jerusalem.
1. Kor 16,1	[...] die Sammlung für die Heiligen.
2. Kor 8,1 ff.	[...] Dienstes für die Heiligen.
Gal 2,10	[...] dass wir an die Armen dächten.
Gal 6,10	Lasst uns Gutes tun an jedermann.
1. Tim 6,18	[...] gerne geben und behilflich sein.
Hebr 13,16	[...] Gutes zu tun und mit andern zu teilen, vergesst nicht.

Fußnoten

1 1. Mose 1,10.12.18.21.25.31; Offb 21,1 f.; 21,23
2 Thielicke, Wie die Welt begann, 63
3 Joh 1,1-4.14; Mk 1,14 f.; Lk 17,21; Röm 5,18; Joh 1,12 f.; 1. Kor 15,20-22; Röm 6,23; Mt 28,18; Phil 2,9-11; Mt 24,27 ff.; Lk 21,27 f.; 2. Thess 1,10
4 Röm 8,19-23; Jes 11,1-8; Offb 21,24.26; Mt 24,35; 2. Petr 3,10
5 Mt 28,18-20; Joh 20,21; Joh 15,4 f.; Gal 5,16-26; Eph 4,17 - 5,4; Apg 1,11; Lk 21,27
6 Kuzmič, History and Eschatology, 135-163; 153 f.; Hervorhebungen im Original (wörtlich: „The Kingdom of God then is the redemptive activity of God in history through the person of Jesus Christ. It does not arrive by human achievement. - Humans are, however, invited to repentance and faith by which they enter the Kingdom, and are invited to both the responsible participation in the Kingdom-already-arrived, and to the watchful expectation of the Kingdom-still-to-come.“ Übersetzung T. Kröck)
7 2. Mose 20,10; 22,21; 23,12; 3. Mose 19,10.33; 5. Mose 5,14; 10,18 f.; 14,29; 15,1-15; 16,11.14; 24,10-22; 26,10-13; 27,19
8 Spr 14,31; 17,5
9 Hes 18,5 ff.; Am 2,6-8; 4,1; 5,11 f.; 8,4-7; Mi 6,9-12; Mal 3,5
10 Jes 58,3-12; Am 5,21-24; Mi 6,6-8; Sach 7,5-10
11 1. Kön 21; Hes 22,4-12; Mal 3,5
12 Apg 14,15; 18,10; Röm 9,24-26; 2. Kor 6,16; Tit 2,14; 1. Petr 2,9 f.; Offb 18,4; 21,3
13 Gal 5,6; Jak 1,27; 2,14-20
14 u. a. Mt 5,3-10; 8,2 f.; 9,27-33; 11,4 f; 15,30-38; 19,21
15 Stott, Die biblische Grundlage der Evangelisation, 63
16 Zellfelder-Held, Solidarische Gemeinde, 13, 32 f.
17 1. Kor 3,16 f.; 6,19; 2. Kor 6,16; Eph 2,21
18 1. Kor 3,9; 1. Tim 3,14 f.; 1. Petr 2,5; 4,17
19 Eph 2,19 ff.; 1. Petr 2,4-8
20 1. Kor 3,10 ff.; Eph 2,21
21 Röm 14,19; 15,2; 2. Kor 10,8; Eph 4,29; 1. Kor 14,3.5.12.26; Eph 4,15 f.; Röm 12,1 ff.
22 Costas, The Church and its Mission, 90, 311
23 Weber, Wesen und Auftrag der Gemeinde Jesu Christi, 19
24 Mt 7,21; Kol 3,17; 1. Joh 4,11.12.20; 5,2
25 Umwandlung, Umformung der Gesellschaft
26 Hardmeier, Kirche ist Mission, 15
27 2. Mose 20,10; 22,21; 23,12; 3. Mose 19,10.33; 5. Mose 5,14; 10,18 f.; 14,29; 15,1-15; 16,11.14; 24,10-22; 26,10-13; 27,19; s. a. Hiob 29,12 f.; 31,16 ff.
28 Mt 25,37-40; Eph 4,28; Jak 2,15 f.
29 5. Mose 14,29; 16,11; 24,19; Spr 15,25
30 Lk 3,7-14; Mt 22,25 ff.; Mk 12,28 ff.; Lk 10,25 ff.; Mt 25,40; Joh 15,21; Röm 13,8; 1. Joh 3,17; 4,12
31 Joh 13,35; Gal 5,6; Jak 2,18
32 Beyerhaus, A Biblical Encounter with some Contemporary Philosophical and Theological Systems, 184 (wörtlich: "by the couragious obedience and the winning love of Christians the signs of the coming Kingdom can shine already within this passing world order and inflame hope for the complete appearance of the heavenly city amoungst men." Übersetzung T. Kröck)

33 Costas, The Church and its Mission, 99 (wörtlich: "authentic communities of faith that live the liberating power of the gospel in their concrete historical situations", Hervorhebung durch den Autor, Übersetzung: T. Kröck)
34 Röm 12,20 f.; Gal 5,16-26; 1. Petr 2,12; 4,4
35 Reimer, Die Welt umarmen, 185-187
36 Mt 5,16; Joh 15,8; Apg 2,47; Mt 5,10 f.; 1. Petr 4,4.14 ff.
37 Mt 17,2.5; Apg 9,3; 12,7
38 Lk 2,32; Joh 1,4-9; 8,12; 12,35 f.; Apg 13,47
39 2. Kor 4,1-6; Phil 2,15; Röm 13,12; 1. Thess 5,5-8; 1. Joh 1,5-7; 2,7-11
40 2. Mose 30,35; 3. Mose 2,13; 4. Mose 18,19; 2. Chr 13,5
41 Mt 16,6.11 f.; Mk 8,15; Lk 12,1; 1. Kor 5,6 ff.; Gal 5,9
42 Röm 12,2; Eph 5,10 ff.; 1. Thess 5,21 ff.
43 Apg 2,44 f.; 4,32 ff.; 6,1 ff.; Apg 3,6 ff.; 5,12 ff.; 1. Kor 16,1-4; 2. Kor 8,1-24
44 Wagner, 9 Strategien für den Gemeindeaufbau, 103
45 Schwarz, Liebe-Lern-Prozeß, 33 (Hervorhebung im Original)
46 Rentschler/Laepple, Kirche mit Herz und Hand, 67
47 Kybernetik = Lehre von der Kirchen- und Gemeindeleitung nach 1. Kor 12,28
48 Herbst, Missionarischer Gemeindeaufbau, 66
49 Herbst, Deine Gemeinde komme, 73 f.
50 Hardmeier, Kirche ist Mission, 237
51 Herbst, Evangelisation und Gemeindeaufbau, 91
52 Knieling, Unsicher - und doch gewiß, 68
53 Herbst, Evangelisation und Gemeindeaufbau, 81
54 Knieling, Unsicher - und doch gewiß, 47
55 Mehr dazu in: Kröck, Geschichte Diakonischer Jugendarbeit, 80 f., 91
56 IFRCS, Code of Conduct for The International Red Cross Red and Crescent Movement and NGOs in Disaster Relief
57 Herbst, Evangelisation und Gemeindeaufbau, 82 f.
58 Diakonisches Werk der EKD, Satzung des Diakonischen Werkes der Evangelischen Kirche in Deutschland
59 Mt 5,44; 19,19; 22,39; Mk 12,31; Lk 6,27 ff.; 10,27; Joh 13,34; 15,12 ff.
60 Brandt, Von Wichern lernen, 186 f.
61 Schwarz, Praxis des Gemeindeaufbaus, 246
62 www.micha-initiative.de
63 Hardmeier, Kirche ist Mission, 161 f.
64 Lüdke, Gesellschaftstransformation bei Johann Hinrich Wichern, 221
65 Bonhoeffer, Nachfolge, 135
66 Ein Beispiel für den ganzheitlichen Dienst in Tansania ist beschrieben in: Kroeck, Thomas: Participatory training in Tanzania
67 Die CCC-Handbücher sind nicht im Buchhandel erhältlich.
68 Zusammengestellt aus: Tearfund, CCC: Co-ordinator's Handbook
69 Bowyer, Express Community.
70 www.communitymission.org.uk
71 The Shaftesbury Society, The Social Action Journey
72 Perot / Arscott, Why Social Action?
73 The Shaftesbury Society, Engaging our Communities

74 The Shaftesbury Society, Getting to Know Your Neighbours
75 The Shaftesbury Society, Engaging and Researching Our Communities: Information Triangle
76 www.harvestfoundation.org
77 Moffitt/Tesch, If Jesus Were Mayor
78 Zum geschichtlichen Hintergrund dieser Problematik siehe Kröck, Thomas: Geschichte Diakonischer Jugendarbeit, 80 f., 91
79 Stolz/Kröck, EC-Check; siehe auch Dusza, Schritte nach vorn
80 Zellfelder-Held, Solidarische Gemeinde, 167
81 Herbst, Deine Gemeinde komme, 92 f.
82 Schwarz, Die 3 Farben der Liebe, 131 f.
83 Beyerhaus, Kennen die Religionen den wahren Gott? / Reimer, Die Welt umarmen, 182 ff.
84 Zellfelder-Held, Solidarische Gemeinde, 57-107
85 Perot, Arscott, Why Social Action?
86 Internet: www.pops.int/documents/guidance/NIPsFINAL/logframe.pdf
87 *idea-online 9.7.2010, zugängig nur idea-spektrum-Abonnenten*

Quellen und weiterführende Literatur

Beyerhaus, Peter: A Biblical Encounter with some Contemporary Philosophical and Theological Systems. In: In Word and Deed. Evangelism and social responsibility, hg. v. B. J. **Nicholls**, Grand Rapids 1985, S. 165-187

Beyerhaus, Peter: Kennen die Religionen den wahren Gott? Das Christuszeugnis in der interreligiösen Begegnung, ThBeitr 32, no. 3 (2001), S. 127-43; Im Internet: www.diakrisis.de/vortr3.pdf

Beyreuther, Erich: Geschichte der Diakonie und inneren Mission in der Neuzeit, Berlin 1962

Bonhoeffer, Dietrich: Nachfolge, München 1985

Bosch, David J.: Transforming Mission. Paradigm Shifts in Theology of Mission, Maryknoll / New York 2005

Bowyer, Phil: Express Community. Bringing Social Action to Life, Milton Keynes 2004

Brandt, Wilfried: Von Wichern lernen. Thesen aus dem Gespräch der heutigen Diakonie mit ihrem Gründer Johann Hinrich Wichern, ThBeitr 29, no. 4 (1998), S. 181-195

Costas, Orlando E.: The Church and its Mission. A Shattering Critique from the Third World, Wheaton Ill., 1974

Diakonisches Werk der EKD: Satzung des Diakonischen Werkes der Evangelischen Kirche in Deutschland (2007); Im Internet: www.diakonie.de/Satzung-DWEKD-2008.pdf

Dusza, Hans-Jürgen: Schritte nach vorn. Wie Gemeinden Zukunftsperspektiven entwickeln, Bielefeld 2001

Faix, Tobias / **Reimer**, Johannes / **Brecht**, Volker (Hg.): Die Welt verändern. Grundfragen einer Theologie der Transformation, Marburg 2009

Hammann, Gottfried: Die Geschichte der christlichen Diakonie. Praktizierte Nächstenliebe von der Antike bis zur Reformationszeit, Göttingen 2003

Hardmeier, Roland: Kirche ist Mission. Auf dem Weg zu einem ganzheitlichen Missionsverständnis, Schwarzenfeld 2009

Herbst, Michael: Evangelisation und Gemeindeaufbau. In: Dein ist die Kraft - Für eine wachsende Kirche. Grundlagen - Perspektiven - Ideen, Dokumentation zum 4. AMD-Kongress in Leipzig, hrsg. v. Bärend, H. / Laepple, U., Neukirchen-Vluyn 2007, S. 71-92

Herbst, Michael / **Laepple**, Ulrich (Hg.): Das missionarische Mandat der Diakonie. Impulse Johann Hinrich Wicherns für eine evangelisch profilierte Diakonie im 21. Jahrhundert, Neukirchen-Vluyn 2009

Herbst, Michael: Deine Gemeinde komme. Wachstum nach Gottes Verheißungen, Holzgerlingen 2007

Herbst, Michael: Missionarischer Gemeindeaufbau in der Volkskirche, Stuttgart 1987

IFRCS: Code of Conduct for The International Red Cross Red and Crescent Movement and NGOs in Disaster Relief. (International Federation of Red Cross Societies, 2004); Im Internet: www.ifrc.org/publicat/conduct/index.asp

Knieling, Reiner: Unsicher - und doch gewiß. Christsein in der Postmoderne, Neukirchen-Vluyn 1999

Kröck, Thomas: Geschichte Diakonischer Jugendarbeit. In: Handbuch Diakonische Jugendarbeit, hrsg. v. Braune-Krickau, T. / Ellinger, S., Neukirchen-Vluyn 2010, S. 69-96

Kroeck, Thomas: Participatory Training in Tanzania, Footsteps, no. 29, 1996, Abs. 4 und 5; Im Internet: http://tilz.tearfund.org/Publications/Footsteps+21-30/Footsteps+29/Participatory+training+in+Tanzania.htm

Kuzmič, Peter: History and Eschatology. Evangelical Views. In: In Word and Deed. Evangelism and social responsibility, hrsg. v. B. J. Nicholls, Grand Rapids 1985, S. 135-163

Laepple, Ulrich: Der diakonische Aspekt der Gemeindeentwicklung, Kirchenkreis Siegen, Impulstag „Gemeinsam unterwegs", 2. Sept. 2006; Internet: www.a-m-d.de/fileadmin/amd_upload/Mission_und_Diakonie/UL200609202.pdf

Laepple, Ulrich: Entfesselte Gemeinde. Aspekte diakonischer Gemeindeentwicklung, Kirchenkreis Siegen, Woche der Diakonie, 26. Oktober 2007; Im Internet: www.a-m-d.de/fileadmin/user_upload/Texte/AMD-Referenten/UL20071026.pdf

Lüdke, Frank: Gesellschaftstransformation bei Johann Hinrich Wichern. In: Faix et al. (Hg.), Die Welt verändern, S. 217-221

McGavran, Donald A.: Understanding Church Growth, Grand Rapids 1990

Moffitt, Bob / **Tesch**, Karla: If Jesus Were Mayor. How your local church can transform your community, Oxford / Grand Rapids 2006

Myers, Bryant L.: Walking with the poor. Principles and practices of transformational development, Maryknoll / New York 1999

Perot, Concetta / **Arscott**, David: Why Social Action? Four studies for reflecting on what the Bible says about social action and helping you to take action in your community, London 2006; Im Internet: www.livability.org.uk/document.asp?id=1283

Reimer, Johannes: Die Welt umarmen. Theologische Grundlagen gesellschaftsrelevanten Gemeindebaus, Marburg 2009

Rentschler, Rabea / **Laepple**, Ulrich: Kirche mit Herz und Hand. Wie Gemeinden ihr diakonisches Potential entfalten können, Asslar 2009, S. 67

Rusaw, Rick / **Swanson**, Eric: The externally focused church, Loveland Colo 2004

Schäfer, Gerhard Karl: Gottes Bund entsprechen. Studien zur diakonischen Dimension christlicher Gemeindepraxis, Heidelberg 1994

Schwarz, Fritz / **Schwarz**, Christian A.: Programm des neuen Lebensstils. Für Leute, denen Jesus konkurrenzlos wichtig ist, Gladbeck 1983

Schwarz, Christian A.: Praxis des Gemeindeaufbaus. Gemeindetraining für wache Christen, Neukirchen-Vluyn 1987

Schwarz, Christian A.: Der Liebe-Lern-Prozess. So macht Christsein Spaß. Über die Kunst Liebe zu schenken und selbst zu erleben, wie Sie und Ihre Gemeinde in der Liebe wachsen können. Praktische Übungen für Christen und christliche Gruppen, Mainz-Kastel 1990

Schwarz, Christian A.: Die 3 Farben der Liebe. Die Kunst, Gottes Gerechtigkeit, Wahrheit und Gnade mit anderen Menschen zu teilen, Emmelsbüll 2004

Sider, Ronald J. / **Olson**, Philip N. / **Unruh**, Heidi Rolland: Churches that make a difference. Reaching your community with good news and good works, Grand Rapids 2002

Sorg, Theo: Gemeinde in diakonischer Verantwortung, ThBeitr 22, no. 5 (1991), S. 249-258

Stolz, Gerhard / **Kröck**, Thomas: EC-Check. Fit für die Zukunft, Kassel 2005

Stott, John R. W.: Die biblische Grundlage der Evangelisation. In: Alle Welt soll sein Wort hören, Lausanner Kongress für Weltevangelisation Bd. 1, hg. v. Beyerhaus, P., Stuttgart 1974, S. 60-84

Stoy, Werner: Diakonische Herausforderungen für die Gemeinschaftsarbeit heute, Gnadauer Verband, Hattingen: Fachtagung „Gemeinschaftsbewegung und Diakonie", Oktober 1988

Tearfund: Church, Community & Change. Co-ordinator's Handbook, Middlesex 2003

Tearfund: Church, Community & Change. Making Connections, Teddington 2003

Tearfund: Church, Community & Change. Taking Action, Teddington 2003

The Shaftesbury Society: Engaging and Researching Our Communities. Information Triangle; Im Internet: www.livability.org.uk/displaypagedoc.asp?id=7625

The Shaftesbury Society: Getting to Know Your Neighbours. Engaging with your community and researching community needs - a practical guide for Christian groups; Im Internet: www.livability.org.uk/displaypagedoc.asp?id=7626

The Shaftesbury Society: Engaging our Communities. A series of three training sessions for church-related community involvement, 2006; Im Internet: www.community-mission.org.uk/includes/documents/cm_docs/2009/e/engaging_our_communities.pdf

The Shaftesbury Society: The Social Action Journey; Im Internet: www.livability.org.uk/displaypagedoc.asp?id=7624

Thielicke, Helmut: Wie die Welt begann. Der Mensch in der Urgeschichte der Bibel, Stuttgart 1960

Uhlhorn, Gerhard: Die christliche Liebestätigkeit, Stuttgart 1895

Unruh, Heidi Rolland / **Sider**, Ronald J.: Saving souls, serving society. Understanding the faith factor in church-based social ministry, Oxford / New York 2005

Wagner, C. Peter: 9 Strategien für den Gemeindeaufbau. Schlüsselerkenntnisse der wirksamen Gemeinde- und Missionsarbeit, Frankfurt am Main 1991

Wagner, C. Peter: Church Growth and the Whole Gospel. A Biblical Mandate, San Francisco 1981

Weber, Burkhard: Wesen und Auftrag der Gemeinde Jesu Christi, PORTA 68 (2001), S. 16-21

Yamamori, Tetsunao / **Padilla**, C. Rene (Hg.): The Local Church, Agent of Transformation. An Ecclesiology for Integral Mission, Buenos Aires 2004

Zellfelder-Held, Paul-Hermann: Solidarische Gemeinde. Ein Praxisbuch für diakonische Gemeindeentwicklung, Neuendettelsau 2002

Stand der Internetadressen: Oktober 2010